Warum in Wien das Römische Reich unterging und Vorarlberg nicht hinterm Arlberg liegt

6. Auflage 2024
© Carl Ueberreuter Verlag, Wien 2022
ISBN 978-3-8000-7822-6

Gestaltung & Grafik: Saskia Beck, s-stern.com
Lektorat: Caroline Metzger
Titelseite: Adobe Stock
Druck und Bindung: Finidr Ltd., Český Těšín

Fritz Dittlbacher

Warum in Wien das Römische Reich unterging und Vorarlberg nicht hinterm Arlberg liegt

Geschichte in Geschichten

ueberreuter

INHALTSVERZEICHNIS

Kapitel 3:
Der diskrete Charme der Monarchien   60

Kapitel 4:
Eine Krankheit und ein Krieg – was unser gewohntes Leben in Frage stellt   78

Kapitel 5:
Das österreichische Labyrinth

EINLEITUNG

Was prägt eine Gesellschaft, was prägt den Umgang der Menschen miteinander in ihr? Lange Zeit war es der Glaube. In einer Welt, die voller Rätsel, voller unbeantworteter Fragen war, half ein Glaubenssystem, Orientierung zu schaffen – oder zu erhalten. Man glaubte an einen ganzen Götterhimmel oder auch nur „den einen" Gott. Man glaubte an Gebote, die das Leben regelten. Die nicht hinterfragt werden durften und brauchten, denn sie waren ja vom Himmel gesandt.

Dann kam das Wissen. Oder zumindest die Suche danach. Mit der Aufklärung der Renaissancegelehrten, mit dem Protest der Protestanten, mit der Wahrheitssuche der Philosophen. Mit der Beobachtung der Natur, mit Entdeckungsfahrten, mit dem genauen Hinsehen, Aufschreiben, Zählen. Und weil zu dieser Zeit auch der Buchdruck erfunden wurde und all das Wissen nun nicht mehr mündlich weitererzählt oder mühsam in Klosterzellen abgeschrieben werden musste, veränderte sich die Welt: Vor der Erfindung der Druckmaschine durch Johannes Gutenberg existierten in ganz Europa gerade einmal 30.000 Bücher. Fünfzig Jahre später waren es schon bis zu 12 Millionen.

Das gedruckte Wort prägte die Welt danach ein halbes Jahrtausend lang. Manchmal mit schlimmen Auswüchsen: Der Nationalismus wäre ohne die plötzlich aufkommende Boulevardpresse des 19. Jahrhunderts nicht denkbar gewesen. Die Erfindung der Rotationsdruckmaschine machte Zeitungen zu einem billigen Massenprodukt. Kriegshetzer saßen nicht nur in Parlamenten und auf Thronen, sondern auch in Redaktionen. Trotzdem waren es in erster Linie Jahrhunderte der Wissensansammlung, der neuen Ideen, die sich rasch verbreiten konnten, der Erfindungen und Entdeckungen. Die Welt ist in diesen Jahrhunderten objektiv reicher, sicherer, besser geworden – auch wenn einzelne Krisen dies immer wieder infrage stellten –, sie hat sich in dieser Zeit so rasch gewandelt wie noch nie in ihrer Geschichte. Und gerade wandelt sie sich wieder. Auch im Wissenserwerb.

Denn nach dem Glauben und dem Wissen kam das Meinen. Aus dem gedruckten Wort wurde des gepostete, das getwitterte, das geyoutubte. In unübersehbarer Zahl. Allein der Social-Media-Konzern Meta erreicht heute mit seinen Angeboten Facebook, Instagram, Whatsapp und den Messenger-Diensten regelmäßig vier Milliarden Menschen, die Hälfte der Weltbevölkerung. Er erreicht sie in erster Linie mit Emotionen: Neugier, Freude, Hass. Die Algorithmen belohnen die Aufregung, nicht die Information, der vorherrschende Beitrag zum Weltgeschehen ist die Meinung, worüber auch immer. Und eigentlich ist dabei relativ egal, ob die Fakten korrekt sind oder nicht. Wer schreit, fällt auf, das ist das Prinzip der modernen Aufmerksamkeitsökonomie. Im Wahlkampf von Donald Trump 2016 erzielte ein Facebook-Posting die mit Abstand höchste Reichweite, laut dem der Papst zur Wahl von Donald Trump aufrufen würde. Eine glatte Lüge, aber höchst erfolgreich: Laut einer Studie des US-amerikanischen Medienportals Buzzfeed zum Wahlkampf reagierten mehr als drei Millionen Amerikaner auf dieses Posting: mit Likes, Kommentaren oder mit Weiterleitungen dieser Fake News an andere User. Und zwei von dreien, die mit dem Posting konfrontiert wurden, hielten es für wahr. Denn der Inhalt passte zu ihrer persönlichen Erwartung: Sie selbst fanden Trump gut, warum sollte ihn also nicht auch der Papst gut finden?

Das ist das Erfolgsrezept von Boulevardmedien: Erzähle dem Publikum das, was es ohnehin denkt. Stimmt eine Nachricht mit den eigenen Vorurteilen über die Welt überein, fühlt man sich bestätigt, fühlt man sich klug, fühlt man sich gut: Man hat eben immer schon gewusst, wie der Hase läuft und wie die Welt funktioniert. So funktioniert der Boulevard, und von den sozialen Medien und ihren Algorithmen wird das System – Storys, die persönliche Vorurteile bestätigen, laufen gut. Der faule Sozialschmarotzer, der Asylwerber, der mit Drogen dealt – man mag diese Welt vielleicht nicht, aber man findet sich in ihr zurecht, hier stellt nichts den eigenen Standpunkt und das eigene Vorurteil infrage. Es regiert also in aller Bequemlichkeit nicht das Wissen über die Welt, sondern die Meinung über die Welt. Wie bringt man aber das Wissen zurück auf seinen angestammten Platz in den Köpfen der Menschen?

In der ORF-Vorabendsendung „Studio 2" wurde dafür eine Rubrik entwickelt: Einmal die Woche werden Fakten und Zusammenhänge zu einem aktuellen Thema erklärt, manchmal mit einem Bezug zum jeweils aktuellen politischen Geschehen, manchmal aber auch zum Jahresablauf. Es geht um Ereignisse und Hintergründe, die vielen noch unbekannt sind, die vielleicht auch überraschen, die jedenfalls aber interessieren und unterhalten. Wissen ist schließlich nichts, das nur angestrengt in stillen Klassen- und Studierzimmern erworben werden kann. Man kann es sich auch quasi im Vorbeigehen und vor allem freudvoll aneignen.

Dieses Buch versucht einen Spaziergang durch die Welt der Fakten. Es geht um Feiern und Katastrophen, um speziell Österreichisches und um Interessantes aus aller Welt. Die Haltestellen bei diesem Rundgang stammen zum Teil aus den Fernsehauftritten, zum Teil sind sie für dieses Buch recherchiert und geschrieben worden. Es sind rasche Einblicke und knappe Überblicke, sie sollen neue Querverbindungen bringen und neues Wissen. Denn eine Gesellschaft, die mehr weiß als meint, schafft eine bessere, verständnisvollere, humanere Welt.

KAPITEL 1:

DAS JAHR – DIE GESCHICHTEN HINTER DEN FEIERTAGEN

Feiertage sind eine tolle Sache: Fallen sie auf einen günstig gelegenen Wochentag, kann man sie für einen kleinen Urlaub nutzen. Oder die Familie trifft sich, zumindest „alle heiligen Zeiten". In einer Welt, die nicht mehr davon geprägt ist, dass alle in Großfamilien und im selben Dorf leben, geben sie dem Leben eine Struktur: Man feiert Weihnachten gemeinsam, man besucht sich zu Ostern gegenseitig. Doch Feiertage regen heutzutage auch zum Konsum an. Wir schenken zu Weihnachten, wir schenken zu Ostern, natürlich auch zum Nikolaus. Seit ein paar Jahren auch zum Valentinstag. Und zu Pfingsten geht sich vielleicht ein kurzer Städtetrip aus, oder zu Christi Himmelfahrt.

Inhaltlich weiß man oft nur mehr wenig von den Anlässen dieser Feiertage. Der religiöse Hintergrund ist vielen verloren gegangen. Und bei manchen dieser Tage ist er auch schwer zu verstehen: Fronleichnam etwa wurde im Mittelalter von der Kirche als de facto „politisches" Fest erfunden. Man wollte damit die schon damals theologisch umstrittene und in der Tat schwer vermittelbare Annahme populär machen, dass die Hostie tatsächlich ein Teil des Leibes Christi sei – und der Wein sein Blut. Diese Lehre trägt den komplizierten Namen Transsubstantiationslehre, übersetzt bedeutet das die Lehre von der „Wesensverwandlung", und so schwer wie sie auszusprechen ist, so schwer ist sie logisch nachzuvollziehen.

Zur Freude des Vatikans ereignete sich aber im Jahr 1263 in der Pfarrkirche von Bolsena in der Nähe von Rom ein „Blutwunder": Aus einer Hostie soll Blut getropft sein. Ein Glücksfall für die Anhänger der „Leib Christi"-Fraktion. Papst Urban IV. erhob diesen Tag daraufhin umgehend zum jährlichen Feiertag. Die Habsburger ließen ihn in ihrem Selbstverständnis als Schutzmacht der katholischen Kirche in ihren Herrschaftsgebieten mit großen Prozessionen begehen. Besonders in Wien wurde dieser

Fronleichnams-Umgang zur zentralen öffentlichen Bühne des Kaiserhauses. Und wir freuen uns bis heute darüber, weil es immer ein freier Donnerstag im Spätfrühling ist – völlig unabhängig von unserem Standpunkt im Disput, ob die Hostie Teil des Leibes Christi ist – oder doch nur ein Stück ungesalzenes Brot, gebacken aus Teig. Das ist nämlich immer noch ein Streitpunkt zwischen katholischen und protestantischen Theologen.

Das Jahr will unterteilt und strukturiert werden. Vier Jahreszeiten, zwölf Monate. Feste, Jubiläen, Gedenken. Allein die UNO zählt in ihrem Kalender 177 weltweite Gedenktage auf. Gedacht wird dabei so gut wie allem, vom Welt-Braille-Tag am 4. Jänner zu Ehren der Blindenschrift und ihres Erfinders bis zum nagelneuen *International Day of Epidemic Preparedness*, dem Internationalen Epidemie-Vorbereitungstag am 27. Dezember, der erst jüngst von der UNO festgelegt wurde. Bestimmte Tage sind dabei besonders beliebt. Den meisten von uns fällt zum 21. März in erster Linie der Frühlingsbeginn ein. Er ist aber auch Welttag der Poesie, Internationaler Tag des Waldes, Welt-Down-Syndrom-Tag, Internationaler Tag zur Beseitigung der Rassendiskriminierung und Nouruz – das persische Neujahrs- und Frühlingsfest. Ganz schön viel für einen einzigen Tag. Dafür ist der 21. März seit 2012 auf der Nordhalbkugel nicht mehr astronomischer Frühlingsbeginn: Nachdem sich das Sonnensystem nicht an unseren Kalender hält, fällt die Tag-Nacht-Gleiche seit diesem Jahr auf den 20. März. Und ab dem Jahr 2048 sogar auf den 19. März, rein astronomisch gesehen.

Von Pauli Bekehrung und vom Scheißtag

Wer es arbeitsmäßig gern etwas ruhiger angeht, der tut gut daran, katholisch zu sein. Oder zumindest in einem katholisch geprägten Land zu leben. Denn die Zahl der gesetzlich festgelegten freien Tage ist im katholischen Süden deutlich höher als im protestantischen Norden. Dafür ist, abseits von ein bis zwei „Staatsfeiertagen", die Religion verantwortlich. Andere Länder feiern natürlich andere Feste, aber sie feiern meist weniger. In Österreich gibt es derzeit 13 gesetzliche Feiertage pro Jahr, vom Neujahrstag bis zum Stefanitag. In Norddeutschland sind es zehn. In Bayern sind es sogar 14 gesetzliche Feiertage, also noch einer mehr als in Österreich. Wobei auch diese 14 nichts gegen die Flut an Feiertagen sind, die es früher auch bei uns gegeben hat. Da gab es nämlich mehr als 60 solcher Tage im Jahr.

Das waren die sogenannten Bauernfeiertage. An diesen war nur der Besuch der Messe verpflichtend, danach wurde am Hof nicht mehr gearbeitet, die Dienstboten hatten frei. Die Anzahl dieser Tage wechselte von Region zu Region, im oberösterreichischen Alpenvorland, im Ennstal etwa, waren es zusätzlich zu den kirchlichen „Hochfesten" wie Ostern oder Weihnachten weitere 49 Tage im Jahr, die als Feiertage begangen wurden. Die meisten übrigens von Ende Oktober bis März, wo durch den Winter ohnehin weniger am Hof zu tun war. Doch insgesamt wurde natürlich trotz all dieser Feiertage mehr gearbeitet als heute. Man darf nicht vergessen, dass die Arbeitszeit in der Landwirtschaft grundsätzlich von Sonnenaufgang bis Sonnenuntergang ging, außer man besuchte die Messe. Und es gab natürlich keinen einzigen Tag Urlaubsanspruch, die Idee vom Urlaub ist eine des 20. Jahrhunderts. Die erste Berufsgruppe, die einen solchen als Teil ihres Tarifvertrages erstritt, waren die deutschen Brauereiarbeiter.

Das war im Jahr 1903 – und es handelte sich um gerade mal drei Tage im Jahr (mehr dazu auf S. 161 – *Urlaub, um Himmels willen!*).

Was wurde nun an diesen Bauernfeiertagen gefeiert? Zunächst einmal alle regionalen Heiligen. Dann gab es viele Marienfeiertage, auch heute weitgehend unbekannte: Maria Opferung oder Maria Heimsuchung zum Beispiel oder der Große Frauentag. Ein wenig bekannter ist heutzutage noch Maria Lichtmess am zweiten Februar, da wurden früher die Kerzen geweiht. Heute ist es der absolut letzte Tag, an dem gemäß althergebrachtem Brauch der Christbaum entsorgt werden muss, wenn ihm nicht die Zentralheizung schon deutlich früher einen Abgang beschert hat. Zum Anlass genommen wurden für die Bauernfeiertage auch biblische Ereignisse wie Pauli Bekehrung am 25. Jänner. Man feierte den Mittfastenmarkt drei Wochen vor Ostern, da war die Fastenzeit zur Hälfte um, und es wurde ein Markttag mit gelockerten Speisevorschriften abgehalten. Und beim Schauerfreitag nach Christi Himmelfahrt wurde um himmlische Hilfe vor Unwettern gebetet.

Die Bauernfeiertage waren also Tage, die das bäuerliche Leben begleiteten. Bis hin zum „Scheißtag" am Ende des Jahres: Der hieß tatsächlich so und wurde am 30. Dezember begangen, da bekamen die Dienstboten ihren Jahreslohn ausgezahlt. Sie wurden dabei vom Bauern bewertet, heute würde man modern sagen: Es gab Feedback. Man hätte auch ein wenig rustikaler und sehr Österreichisch z'sammscheißen sagen können – daher kam wohl auch der Name. Außerdem mussten die Knechte und Mägde an diesem Tag doch arbeiten, Feiertag hin oder her, wenn der Bauer fand, sie hätten im Laufe des Jahres zu viel Zeit am Klo verbracht. Es konnte also ein wirklicher „Scheißtag" werden.

Valentin – Der Lieblingsheilige der Floristen

Wenn es draußen stürmt und schneit, wenn zumindest in mitteleuropäischen Breiten garantiert nichts wächst und blüht, dann ist der schönste Tag der heimischen Blumenbranche: Am 14. Februar werden alle Sträuße an den Mann gebracht, da wird auch nicht beim Preis gehandelt. Wenn es um die Liebe geht, darf es schließlich nicht am Geld fehlen. Und am Valentinstag geht es um den Patron der Liebe, den Heiligen Valentin.

Seine Geschichte geht zurück ins Jahr 269 nach Christi Geburt, als ein römischer Bischof namens Valentin unter Kaiser Claudius als Märtyrer hingerichtet wurde, und zwar genau am 14. Februar jenes Jahres. Die Enthauptung dieses Valentin ist dokumentiert. Der Grund dafür war der Legende nach, dass er trotz Verbotes Liebespaare christlich getraut hatte. Außerdem hat er ihnen nach der Heirat Blumen aus seinem Garten geschenkt – das hat ihn rasch zum Schutzpatron der Liebespaare gemacht und damit ungemein populär. Dass dieser Valentin mehr als eine Legende war, belegen gleich mehrere Quellen. Und auch sein Schädel ist als Reliquie in den römischen Katakomben erhalten geblieben. Man hat vor ein paar Jahren daraus per forensischer Computergrafik sein Aussehen rekonstruiert, herausgekommen ist ein freundlich dreinblickender, älterer Herr mit grauem Bart. Wäre der weiß, könnte er auch als Nikolaus (mehr dazu auf S. 24 – *Niklaus ist ein guter Mann …*) durchgehen.

Noch während der Antike, über 200 Jahre nach seiner Hinrichtung, wurde Valentin heiliggesprochen, und der damalige Papst Gelasius hat zu seinem Gedenken im Jahr 496 den Valentinstag eingeführt. Mit Blumengeschenken hatte das anfangs noch eher wenig zu tun, aber als Schutzpatron der romantischen Liebe blieb Valentin über die Jahrhunderte sehr populär.

Im England des Hochmittelalters wurden bereits Valentinstage in sehr ähnlicher Weise wie heute begangen, mit kleinen Geschenken an die Liebsten. Auch Shakespeare schreibt über diesen Brauch, wie überhaupt das Andenken an den Heiligen Valentin eher im Norden Europas hochgehalten wurde: Bei den Anglikanern, bei den Protestanten, bei den Lutheranern wurde der Valentinstag gefeiert. Die katholische Kirche hat Valentin dagegen 1969 aus ihrem offiziellen Heiligenkalender gestrichen. Also fast 1500 Jahre nach der Einführung des Gedenktages. Doch da hatte sich der Blumen- und Süßwarenhandel schon in Position gebracht. In England hatte man im 19. Jahrhundert die vorgedruckten Valentinskarten erfunden, bald gab es dazu auch Geschenke, Blumen, Pralinen. Von dort kam der Brauch nach Amerika. Und nach dem Zweiten Weltkrieg über hierzulande stationierte Besatzungssoldaten auch nach Deutschland und Österreich. Dabei stand weniger Religiosität als Kommerzialität dahinter: Es waren wirklich die Blumenhändler, die über viele Jahre sehr konsequent und sehr erfolgreich Werbung dafür gemacht hatten.

Dieses kommerzielle Interesse verbirgt sich auch hinter anderen, relativ neu eingeführten Festen und Feiertagen: Halloween ist ein Beispiel dafür, das es bei uns ja auch erst seit Kurzem gibt. Ein ursprünglich keltisches Fest, das seit ein paar Jahren für Zuckerl- und Kostümabsatz sorgt. Und seit einiger Zeit kommt jetzt auch Jahr für Jahr der Black Friday daher, ein „Feiertag" für Internet-Einkäufe, der jeden November nach dem amerikanischen Thanksgiving-Fest die Werbung dominiert. Da kommt man dann ganz ohne religiöses Dekorum aus: Es gibt zumindest bisher weder einen Heiligen Amazon, noch einen Sankt Google.

Das historische Ostern

Weihnachten, das Fest der Geburt Christi, ist ein Mythos. Man weiß nichts über die wahren Umstände von seiner Geburt, außer, dass er höchstwahrscheinlich nicht rund um unsere Weihnachtsfeiertage zur Welt gekommen ist. Aber die Passionsgeschichte, die Geschichte von Kreuzigung und Tod des Jesus Christus, die hat einiges an historischer Belegbarkeit: Man weiß zwar nicht das exakte Todesdatum, weil es über das Todesjahr unterschiedliche wissenschaftliche Meinungen gibt. Die wahrscheinlichsten Schätzungen sind das Jahr 30 oder das Jahr 33 unserer Zeitrechnung. Fix ist aber natürlich der Freitag als Todestag. Der Wochentag steht fest, weil es unmittelbar vor dem jüdischen Pessachfest gewesen sein muss, denn nach dessen Beginn durften keine Hinrichtungen vorgenommen werden. Dieses Fest begann mit dem Abend des Sabbats, dem Sonnenuntergang am – eben – Karfreitag.

Gerichtsakten gibt es keine vom Prozess gegen Jesus. Die frühesten Evangelien, die seine Lebensgeschichte erzählen, sind erst gut 30 Jahre nach seinem Tod verfasst worden. Das heißt, sie wurden schon noch von Zeitzeugen geschrieben, aber eben Jahrzehnte später. Das erklärt auch einige Unstimmigkeiten, vor allem über die frühen Jahre von Jesus. Es gab allerdings sehr bald auch andere Quellen, die über den Mann aus Nazareth geschrieben haben. Etwa den berühmten römischen Historiker Publius Cornelius Tacitus, der von den ersten Christenverfolgungen unter Nero berichtete und dabei auch den Tod von Christus unter Pontius Pilatus erwähnte. Er schrieb seine *Historiae* und *Annales* Ende des 1. Jahrhunderts und wurde damit sozusagen die erste offizielle Quelle außerhalb dieser neuen Religionsgemeinschaft.

Wenn es auch keine unmittelbaren Dokumente von und über Jesus gibt, so zeigt sich zumindest, dass die Personen, die in der

Bibel rund um die Passionsgeschichte erwähnt werden, zum großen Teil tatsächlich existiert haben. Sie waren zur richtigen Zeit am richtigen Ort, und für sie gibt es auch historische und archäologische Belege. Pontius Pilatus etwa – das sind übrigens beides seine Familiennamen, der Vorname ist unbekannt – war von 26 bis 36 nach Christus römischer Statthalter in Judäa. 1961 hat man bei Ausgrabungen in Caesarea, einer antiken Stadt Palästinas in der Nähe von Haifa, eine antike Inschrift mit seinem Namen gefunden, ein Beweis für seine Existenz. Und 2018 wurde ein Siegelring, der Jahrzehnte zuvor bei Ausgrabungen in Jerusalem entdeckt worden war, durch eine schließlich entzifferte Inschrift ihm zugeordnet.

Auch den Herrscher Herodes Antipas, zu dem Jesus im Zuge seines Prozesses gebracht wurde, gab es wirklich. Er hatte eine Residenz in Jerusalem, die von Archäologen freigelegt und untersucht wurde, dort hatte er übrigens auch einen künstlichen See mit einer Insel anlegen lassen, wie man mittlerweile weiß. Ein Aha-Erlebnis für alle, die sich ans Musical Jesus Christ Superstar erinnern: *„Prove to me that you're no fool, walk across my swimming pool"*, singt Herodes dort, auf einer Schwimm-Plattform stehend.

Schließlich spielten auch noch zwei jüdische Hohepriester entscheidende Rollen bei der Kreuzigung von Jesus: Annas und Kajaphas, beide waren historische Personen. Kajaphas war von 18 bis 36 nach Christus der jüdische Hohepriester im Jerusalemer Tempel, Annas war sein Verwandter und Vorgänger. Für die Existenz von beiden gibt es ausreichend Quellen. Und von Kajaphas ist 1990 sogar eine mutmaßliche Grabstätte gefunden worden, in einem Jerusalemer Vorort. Dort hat man ein aufwendig gestaltetes Ossuar entdeckt, eine Art steinernen Sarkophag, in dem sich Gebeine befinden und auf dem Kajaphas' Name eingemeißelt ist.

Es gibt keinen faktischen Beleg für den Prozess gegen Jesus Christus. Aber was die möglichen Ankläger und Richter über Jesus angeht, können die Evangelien mit den Mitteln der modernen Geschichtsforschung und Archäologie bestätigt werden. Vieles ist in 2000 Jahren Christentum an Legenden dazugekommen. So gibt es etwa an ganz vielen Orten, zum Beispiel auch in Wien oder im Kloster Heiligenkreuz, angebliche Reliquien, Teile des Kreuzes, an das Jesus Christus geschlagen wurde, oder seiner Dornenkrone. Aber dass Jesus eine historische Person war, gelebt und in Judäa gewirkt hat – und offenbar zu Ostern in Jerusalem ans Kreuz geschlagen wurde –, wird von vielen Indizien untermauert.

Tag der Fahne

Eigentlich ist der 26. Oktober ja kein historisch besonders beeindruckendes Datum. Er nimmt Bezug auf den Beschluss des österreichischen Neutralitätsgesetzes an genau diesem Tag im Jahr 1955. Ein Beschluss, der damals als so wenig bedeutend angesehen wurde, dass es weder Fotos noch Filmmaterial von dieser Abstimmung im Nationalrat gibt.

Es hätte sicher Daten mit größerem Erinnerungspotenzial gegeben: den 27. April 1945 etwa – der Tag der Wiedergründung der Republik Österreich und der damit verbundenen Unabhängigkeit von Nazideutschland. Man hätte auch den 12. November wählen können – in Gedenken an die Gründung der Ersten Republik im Jahr 1918. Beides wollte man in den frühen Jahren der Zweiten Republik nicht. Beim 12. November hätten sich die Monarchisten gekränkt gefühlt, und beim 27. April gab es in den Fünfzigerjahren eben noch viele, die diesen Tag als Niederlage und nicht als Befreiung in Erinnerung hatten. Diese beiden logischen Möglichkeiten für Nationalfeiertage waren damals also vielen zu heikel, doch es hätte sogar im Jahr 1955 einen emotional stärker verankerten Tag gegeben: den 15. Mai nämlich, als der Staatsvertrag im Wiener Schloss Belvedere unterzeichnet wurde, samt „Österreich ist frei!"-Ruf von Außenminister Leopold Figl.

Es wurde schlussendlich aber eben doch ein Gedenken an einen außenpolitischen Beschluss im Nationalrat, es wurde der 26. Oktober. Schon damals standen Vorsicht und Kompromiss hoch im Kurs in Österreich. Um den Tag etwas aufzuhübschen, entstand die Legende, dass genau am 26. Oktober der letzte russische Besatzungssoldat Österreich verlassen hätte. Doch das stimmt nicht. Zugrunde liegt dieser Legende ein internationaler Fristenlauf: Denn nach der Staatsvertragsunterzeichnung im Mai 1955 im Schloss Belvedere mussten die vier Besatzungsmächte den Vertrag noch jeweils in ihren eigenen Parlamenten ratifizieren. Danach begann eine 90-tägige Frist, in der sie ihre Truppen abzuziehen hatten. Diese endete am 25. Oktober. Rein rechnerisch wäre also der 26. der erste Tag ohne Besatzungssoldaten geworden. Doch die Russen waren deutlich früher dran: Der letzte Soldat ihrer Armee hatte Österreich schon am 19. September verlassen. Und damit sechs Wochen vor dem Stichtag. Und auch sechs Wochen vor den Briten, denn die letzte britische Kaserne, jene in Klagenfurt, wurde erst am 29. Oktober 1955 übergeben – also vier Tage nach dem Ende der Frist. Franzosen waren von vornherein kaum noch im Land gewesen, mit Ausnahme von ein paar Dutzend Gendarmen in ihren Besatzungszonen in Vorarlberg und Tirol. Und der letzte amerikanische Soldat wurde am 28. Oktober in Salzburg angehalten – er war auf Urlaub gewesen und hatte einfach übersehen, dass seine Einheit schon aus Österreich abgezogen worden war.

Ein wichtiger Stichtag in Österreichs Geschichte war der 26. Oktober also schon, das Neutralitätsgesetz hat durchaus seine Bedeutung. Zum Nationalfeiertag wurde er aber eher zufällig. Im Oktober 1955 hatte der damalige Unterrichtsminister Heinrich Drimmel angeordnet, dass an diesem Tag alle Schulen beflaggt werden sollten, um den Schülern die Bedeutung des Gesetzesbeschlusses in einem nunmehr freien Land deutlich zu machen. Diese Beflaggung wurde in den folgenden Jahren wiederholt, der „Tag der Fahne" war geboren, so hieß der neugeborene Feiertag in den ersten Jahren. Nach zehn Jahren, 1965, machte man daraus den „Nationalfeiertag". Und zwei Jahre später, 1967, wurde er arbeitsfrei gestellt. Das machte ihn erst so richtig populär, mit „Fit-Märschen" und Bundesheer-Leistungsschauen.

Die dabei feierlich begangene Neutralität existiert immer noch, sie trägt ja auch den Zusatz „immerwährend". Inhaltlich ist sie spätestens seit dem Ende des Kalten Krieges und des Ostblocks fraglich geworden. Österreich ist von NATO-Ländern umgeben, sein Militär ist Teil des Friedensprogramms der NATO. Das Land entsendet UNO-Truppen in Krisengebiete und ist seit 1995 Mitglied der EU, die ebenfalls immer mehr Sicherheitsagenden übernimmt. Der Ukrainekonflikt hat jüngst die Grenzen der Neutralität aufgezeigt: Neutral sein, auch gegenüber einem Täter? Aber wir Österreicher haben es uns mit unserer Interpretation von Neutralität eben auch gut eingerichtet: Wenn es irgendwo heftig wird, halten wir uns raus, weil wir neutral sind. Und das ist ja keine ganz unbequeme Position. Die feiern wir jedes Jahr am 26. Oktober.

Niklaus ist ein guter Mann …

Kaum ein Heiliger hat in den letzten Jahrzehnten eine solche Karriere gemacht wie der Heilige Nikolaus. Stimmt schon, der aktuelle Papst hat sich nach Franz von Assisi benannt. Aber Nikolaus hat es geschafft, sogar dem eigenen Chef den Rang abzulaufen: Das prominenteste christliche Hochfest Weihnachten wird mittlerweile weltweit von Santa Claus bespielt und nicht mehr vom Christkind. Und jeder hat auch ein Bild von ihm im Kopf: ein großer, gütiger Mann mit einem weißen Bart, in Rot und Weiß gekleidet.

Einen weißen Bart hatte er möglicherweise tatsächlich. Aber groß war er nur exakt 1,67 Meter. Das weiß man so genau, weil seine Reliquien, also seine Knochen, erhalten geblieben sind. Der historische Heilige Nikolaus war im 4. Jahrhundert nach Christus Bischof von Myra. Das war eine Kleinstadt in der heutigen Türkei, in der Provinz Antalya. Da lebten damals allerdings Griechen, und die heute oft gehörte vermeintliche Wahrheit, der Heilige Nikolaus sei Türke gewesen, ist falsch: Das erste Auftreten der sogenannten Turkvölker fand erst im 6. Jahrhundert statt, und es geschah im Altai-Gebirge an der Grenze zwischen der Mongolei und China. Die Angehörigen dieses Nomadenvolkes waren wie viele andere ständig unterwegs, auch auf Feldzügen. Und als sie – nunmehr als „Türken" bezeichnet – um die Jahrtausendwende die Stadt Myra erobert hatten, gelang es italienischen Kaufleuten, das Grab des mittlerweile heiliggesprochenen Nikolaus samt aller Reliquien zu rauben und nach Bari in Süditalien zu bringen. Dort liegen sie jetzt in der Basilika San Nicola in der Altstadt am Hafen. Vor einigen Jahrzehnten hat man die Knochen untersucht und weiß jetzt: Der hier Begrabene war bei seinem Tod 70 bis 80 Jahre alt, ein weißer Bart würde also passen. Er hatte schlimme Arthritis. Und er war eben 1,67 Meter groß.

Dass er am 6. Dezember durch die Stadt zog und Kinder beschenkte, ist eine Erfindung späterer Jahrhunderte. Die ursprünglichen Legenden, die sich um den Nikolaus von Myra rankten, waren andere: Er dürfte aus einer wohlhabenden Familie gestammt und sein Erbe verschenkt haben. Das ist auch bei einigen anderen frühchristlichen Bischöfen verbürgt, das befördert ihn daher noch nicht zum Star im Heiligenteam. Der Legende nach erweckte er auch Tote wieder zum Leben und rettete Seeleute in Not. Das hat ihn zwar zum Schutzpatron der Matrosen gemacht, aber ebenfalls noch nicht zum beliebtesten Helfer des Christkinds.

Die wirkungsmächtigste Nikolauslegende geht daher so: Ein Mann aus Myra war so arm, dass er seine drei Töchter an ein Bordell verkaufen wollte. Nikolaus erfuhr davon und warf nachts Goldklumpen in die Kammer der Mädchen, um sie vor diesem Schicksal zu bewahren. Ein Bischof, der armen Leuten Gold zuwirft, war natürlich extrem populär. Daher wurde Nikolaus bereits in der Spätantike rasch zu einem der beliebtesten und wichtigsten Heiligen, es gab bald in vielen Orten Kirchen, die ihm geweiht waren. Die Sache mit dem Bordell wurde dann allerdings nicht mehr so stark betont …

Den Nikolausabend und seinen Termin verdankt der Heilige Nikolaus übrigens dem Buch, das er mit sich herumträgt. Denn bereits im Frühchristentum war die Lesung der Bibelstellen an einen genauen jährlichen Ablauf gebunden. Am 6. Dezember ging es damals im Gottesdienst um das „Gleichnis von den anvertrauten Talenten" aus dem Lukasevangelium. Der Herr lässt sich darin von seinen Knechten Rechnung legen, was sie aus dem gemacht haben, was er ihnen anvertraut hat. Es geht sozusagen darum, zu fragen, was die Gläubigen aus ihren Talenten oder Begabungen machen. In der Tradition wurde diese Befragung an den Nikolaus ausgelagert. Wenn der Nikolaus also heute in seinem großen goldenen Buch liest und die Kinder befragt, ob sie auch gut und brav waren im vergangenen Jahr, dann geht das auf diese liturgische Tradition zurück. Und wegen dieser rund 1500 Jahre alten Gottesdienstordnung befragt er sie eben am 6. Dezember.

Seinen ganz großen Karrieresprung zum Weihnachtsmann verdankt er aber den protestantischen Ländern im Norden Europas. Zwar ist der Nikolaus schon im Mittelalter an seinem Heiligenfest mit seinem Gabensack gekommen, und manchmal auch in Begleitung des Krampus. In der Reformation ist dieses populäre Geschenkefest dann auf den Heiligen Abend verlegt worden. Den Protestanten ging es dabei darum, Christus zu ehren. Und zwar den „Herrn Christus" und nicht den Neugeborenen, der im Süden des deutschsprachigen Raumes ab diesem Zeitpunkt als „Christkind" die Geschenke brachte. Ein „Herre Christ" als Gabenlieferant war aber nicht nach dem Geschmack der ernsten, nüchternen Evangelischen. Und so wurde Sankt Nikolaus – oder wie man in englischsprachigen Ländern sagt: Santa Claus – als Weihnachtsmann in einer „tragenden Rolle" gleich mitgenommen. In der bildlichen Darstellung verpasste man ihm statt der Bischofsmütze außerdem eine Bommelhaube – auch, um die nordische Tradition der mythisch überlieferten hilfreichen „Wichtel" aufzunehmen.

1931 hat schließlich Coca-Cola damit begonnen, den Weihnachtsmann als eigenes Markenzeichen bei Werbeinseraten einzusetzen. Ein und derselbe Grafiker, Haddon Sundblom, hat in den folgenden 34 Jahren die jährlichen Weihnachtskampagnen entworfen, angeblich nach seinem eigenen Spiegelbild gezeichnet. Seit damals ist Santa Claus ein großer, dicker Mann mit ganz freundlichen Augen und einem weißen Rauschebart. Und gekleidet ist er in Rot und Weiß – in den Farben des Coca-Cola-Konzerns.

Die Weihnacht, die gerade gepasst hat

Dass Weihnachten auf die Tage Ende Dezember fällt, ist der Bequemlichkeit der Römer geschuldet – und nicht dem tatsächlichen Geburtstag von Jesus. Denn im Dezember fanden jedes Jahr die wichtigsten römischen Feierlichkeiten statt, die Saturnalien, und da war eben noch Platz für ein zusätzliches Fest: Jenes im Gedenken an das Erscheinen des Messias – und im Vorfeld beging man den Advent.

Der Begriff Advent kommt von *advenire*, lateinisch für ankommen, es ging also um die Ankunft des Herrn. Und anfangs stand dieser Advent nicht für Feiern und Geschenke und Berge von Weihnachtsgebäck, sondern eher für das absolute Gegenteil: Um das Jahr 300 begannen die damaligen Christen, eine 40-tägige Fastenzeit zu begehen, wie sie heute noch vor Ostern üblich ist, im Gedenken an die Leiden von Jesus Christus. Diese Fastenzeit dauerte von Ende November bis zum 6. Jänner – das war der Tag, an dem man dann die Geburt, oder anders ausgedrückt: das „Erscheinen" Christi, feierte und der heute bei uns der Dreikönigstag ist. Sein kirchlicher Name weist noch darauf hin: Epiphania, die Epiphanie, griechisch für das Erscheinen, es ist eben der Tag der Erscheinung von Jesus Christus vor der Menschheit. Hier muss man die biblische Überlieferung in ihre Einzelteile zerlegen, um die Symbolik zu verstehen: Die Darbietung des neugeborenen Jesus geschah in der Krippe einerseits vor den Hirten, also vor dem Volk. Und andererseits vor den drei Weisen aus dem Morgenland, den sogenannten Heiligen Drei Königen, also vor der Welt. Beides war notwendig, um den Anspruch zu unterstreichen, dass es sich hier um den im Judentum schon lange erwarteten Messias handelte.

Rein rechnerisch wäre dieser Tag als Geburtstag von Jesus logischer als der 24. Dezember, wenn man die Geburtslegende ähnlich historisch fundiert ansehen wollte wie die Passionsgeschichte. Dann könnte man nämlich schon die Frage stellen, warum Maria und Josef mit ihrem kleinen Kind noch zwölf Tage nach der Geburt in einem Stall zugewartet haben sollten, bis endlich jemand zum Gratulieren vorbeikam. So lange dauert es nämlich vom Heiligen Abend bis Dreikönig. Die armenisch-apostolische Kirche hält übrigens bis heute am 6. Jänner, also am Epiphanietag, als Geburtstag Christi fest.

Im Rest der christlichen Welt ist es der 24. beziehungsweise 25. Dezember – der Tag begann in der Antike ja bereits mit der Dämmerung des Vorabends. Dass es zum „Heiligen Abend" gekommen ist, war eine recht pragmatische Entscheidung der Spätantike. Bis zum 24. Dezember wurden nämlich im alten Rom stets die Saturnalien gefeiert, zu Ehren des Gottes Saturn. Das war ein ungemein populäres Fest zur Wintersonnenwende, eine Art römischer Fasching, mit Verkleidungen und Trinkgelagen. Ab dem 4. Jahrhundert begann man am Ende dieser Festivitäten auch noch Christi Geburt mitzufeiern, dieser Brauch breitete sich bis zum 5. Jahrhundert in allen Teilen der damaligen christlichen Welt aus.

Das Römische Reich ging schließlich unter, aber die Nacht vom 24. auf den 25. Dezember als Feier von Christi Geburt hat sich gehalten. Wobei in orthodoxen Ländern nach wie vor der Dreikönigstag der Tag der Geschenke ist. Und auch Italiens Kinder bekommen am 6. Jänner Geschenke, von der Hexe Befana, die der Legende nach auf der Suche nach dem Jesuskind auf ihrem Besen umherfliegt und dabei die braven Kinder belohnt – auch in ihrem Namen versteckt sich die Epiphanie.

In den Ostkirchen hält sich das Adventfasten als Ursprung der ganzen Adventszeit bis heute, in der katholischen Kirche wurde es 1917 abgeschafft. Mitten im Ersten Weltkrieg, im größten Hungerwinter, als die Bevölkerung weltweit zu verhungern drohte, fand man, ein zusätzliches Fasten würde wenig Sinn machen. Davor aber fastete man 40 Tage in den Ostkirchen, in den Westkirchen waren es vier Wochen. Daran erinnert der Brauch des Adventkranzes, jede Kerze steht für einen Adventsonntag und damit für eine erfolgreich absolvierte Fastenwoche. Die Adventkerzen werden mittlerweile auch ohne Fasten angezündet, vier sind es bei uns. Bei orthodoxen Christen haben die Adventkränze sechs Kerzen, weil 40 Tage eben knapp sechs Wochen sind. Die Zahl vier, die sich sowohl in den 40 Tagen der Orthodoxie als auch in unseren vier Adventsonntagen wiederfindet, ist dabei kein Zufall. Sie sollte die 4000 Jahre symbolisieren, die nach damaligem Glauben zwischen Adam und Eva und der Geburt Christi vergangen sein sollen, also jene vier Jahrtausende seit der Schöpfung der Welt.

Das seit der Antike geübte Adventfasten ist also zumindest bei uns mittlerweile verschwunden. Die heute noch bestehenden Vorweihnachtsbräuche um Adventkranz oder Adventkalender sind relativ neu. Der Adventkranz wurde 1839 in Hamburg erfunden, von Johann Hinrich Wichern, einem evangelisch-lutherischen Pastor und Leiter eines Kinderheims, um die Zeit bis Weihnachten zu symbolisieren, später wurde der Brauch von den Katholiken übernommen. Auch die ersten Adventkalender wurden in Hamburg erzeugt, rund um das Jahr 1900. Davor war es üblich, Kreidestriche an die Tür oder Wand zu malen, die Kinder durften jeden Tag einen Strich wegwischen. Die Adventkalender haben dieses Vorfreude-Thema aufgegriffen. Wobei viele dieser Kalender zu Anfang nur zwölf Türchen hatten – für die letzten zwölf Tage vor Weihnachten – und wie eine Uhr gestaltet waren. Erst nach dem Zweiten Weltkrieg hat sich dann der Adventkalender mit 24 kleinen Türen durchgesetzt.

Silvester – und warum das Jahr eins in jeder Weltgegend ein anderes ist

Der Jahreswechsel ist für viele Menschen ein wichtiger emotionaler Moment. Was hat das Jahr gebracht, was wird die Zukunft bringen? Als besonders bedeutsam werden Zeitenwenden empfunden – an Silvester 1999/2000 kann sich wohl jeder noch erinnern, der damals älter als fünf Jahre war. Wobei ziemlich fix ist: Es fand nicht 2000 Jahre nach der Geburt von Jesus Christus statt. Der Beginn unserer Zeitrechnung war so wenig der Zeitpunkt von Christi Geburt wie der 25. Dezember sein Geburtsdatum war (mehr dazu auf S. 27 – *Die Weihnacht, die gerade passt*). Über den eigentlichen Geburtstag von Jesus gibt es verschiedene Theorien, die wahrscheinlichsten gehen von Tagen im März, April oder Juni aus. Und beim Geburtsjahr helfen ein Blick in die dokumentierte Geschichte und ein wenig Kopfrechnen, um festzustellen, dass die Bibel hier nicht recht haben kann. Christi Geburt fiel laut Lukasevangelium mit der damaligen Volkszählung des Kaisers Augustus in Judäa zusammen. Diese fand aber erst sechs Jahre nach dem Jahr eins unserer Zeitrechnung statt. Christus wäre damit also sechs Jahre nach Christus geboren worden.

Laut Matthäusevangelium hat König Herodes der Große anlässlich der Nachricht von Jesu Geburt einen Kindermord befohlen. Bibelkundige Leser erinnern sich an die Geschichte vom Befehl, alle neugeborenen Jungen in Bethlehem umbringen zu lassen, Jesus soll diesem Schicksal durch die Flucht seiner Eltern nach Ägypten entgangen sein. Doch dieser Mord hätte vier Jahre vor „Christi Geburt" stattfinden müssen, da starb Herodes nämlich, im Jahr 4 vor der Zeitenwende. Und wäre Christi Geburt, wie ebenfalls im Matthäusevangelium beschrieben, vom „Stern von Bethlehem" angekündigt worden, dann wäre sein Geburtstag – und damit das Jahr eins unserer Zeitrechnung – auf den 17. April des Jahres 6 vor Christus gefallen. Das haben Astronomen im Jahr 1999 anhand der speziellen Planetenkonstellation ausgerechnet.

Aber damals, vor 2000 Jahren, galt ja ohnehin der römische Kalender. Der zählte die Jahre ab der Gründung der Stadt Rom, das war einerseits ebenfalls ein fiktives Datum und andererseits 753 Jahre vor unserer Zeitrechnung. Und dieser römische Kalender war zudem recht ungenau: Das römische Jahr hatte nur 355 Tage, es folgte nämlich einem Mondkalender und keinem Sonnenkalender. Zwölf Mondmonate sind zwölfmal die Zeit von Neumond zu Neumond, und diese Spanne beträgt etwas mehr als 29 Tage. Das geht sich also sehr schnell mit dem Sonnenstand und damit den Jahreszeiten nicht mehr aus: Wenn jedes Jahr mehr als 10 Tage zu kurz ist, dann geht nach einem Jahrzehnt der Kalender sozusagen um eine ganze Jahreszeit nach. Man hat daher bei Bedarf, also wenn astronomisches (Sonnen-) Jahr und Kalenderjahr zu weit auseinanderlagen, einfach zusätzliche Monate eingefügt.

Als Julius Cäsar an die Macht kam, ließ er ein neues System ausarbeiten – und war dabei durchaus kreativ. Erst ließ er ein Jahr, das Jahr 46 vor unserer Zeitrechnung, kurzerhand um 100 Tage verlängern, auf 455 Tage. Und dann führte er den, übrigens erst später ihm zu Ehren so benannten, julianischen Kalender ein, der das Jahr anhand der Sonne einteilte und nicht mehr nach Mondmonaten. Das Jahr hatte ab diesem Zeitpunkt 365 Tage, und alle vier Jahre gab es ein Schaltjahr mit 366 Tagen. Sein System hat sich mit einigen Änderungen bis heute gehalten.

Weil Cäsar gerade beim Kalender-Reformieren war, ließ er seinen Geburtsmonat, der bisher Quintilis geheißen hatte, also „der Fünfte" nach der damaligen Monatszählung, nach sich selbst benennen: Seither hieß er Julius, heute heißt er bei uns Juli. Sein Nachfolger Kaiser Augustus machte es beim Sextilis auch so, bis heute heißt dieser Monat bei uns August.

Man zählte zu Zeiten Cäsars immer noch ab dem Jahr der Gründung Roms. Die Rechnung „seit Christi Geburt" wurde von einem Mönch namens Dionysius Exiguus im Jahr 525 unserer Zeit eingeführt. Er zählte die Jahre ab der von ihm angenommenen Geburt von Jesus Christus zusammen, ausgehend von überlieferten Regierungsdaten von Kaisern und Königen, inklusive vieler Ungenauigkeiten. Aber seine Zählweise setzte sich trotzdem durch, und ab dem Mittelalter war diese christliche Zählung zumindest im damaligen Abendland allgemein anerkannt.

Heute richtet man sich weltweit nach dem christlichen Kalender, es gibt aber auch Ausnahmen: In Israel etwa wird das Datum nach dem jüdischen Kalender angegeben. Da liegt Silvester 2022 im Jahr 5782. Im jüdischen Kalender zählt man die Jahre nämlich ab dem Anbeginn der Welt, laut Altem Testament. Und der war, nach unserer Zeitrechnung gerechnet, exakt am 6. Oktober 3761 vor Christi Geburt. Und zwar – auch das haben jüdische Schriftgelehrte genau berechnet – um 23 Uhr, 11 Minuten und 20 Sekunden. Genau da ertönte das Gotteswort „Es werde Licht!", und es ward Licht. Sagt die Bibel. Die islamische Welt zählt die Jahre ab der Flucht Mohammeds aus Mekka, das heißt, Silvester 2022 liegt nach islamischer Zählung im Jahr 1443.

Viele traditionelle Gesellschaften haben ihre Jahre früher übrigens nicht ab einem Punkt null gezählt, sondern nur nach dem Regierungsjahr des jeweiligen Herrschers. Der chinesische Kalender etwa funktioniert so. In Taiwan gilt dieser traditionelle Kalender noch heute. Dort lebt man 2022 im Jahr 111 nach Gründung der chinesischen Republik. Also 111 Jahre nach jenem Jahr, in dem der letzte Kaiser von China abgedankt hat.

KAPITEL 2:

ES WAR EINMAL … GROSSE UND NICHT GANZ SO GROSSE MOMENTE DER GESCHICHTE

Gäbe es Jubiläen nicht, wäre die Welt doch ein wenig ärmer. Denn die Erinnerung verblasst: Was aus den Augen ist, ist aus dem Sinn. Sigmund Freud hat die Verdrängung als zentralen Bestandteil der Psyche erkannt, und es war wohl kein Zufall, dass er seine Forschungen in Wien gemacht hat. „Glücklich ist, wer vergisst, was doch nicht zu ändern ist", heißt es im bekanntesten Lied aus der *Fledermaus*, die ja die heimliche Staatsoperette Österreichs ist. Glücklich ist aber auch, wer sich erinnert. Wer aus der Geschichte lernen will, darf sie nicht ignorieren. Und es gibt ja auch die angenehmen Reminiszenzen. „Es war einmal, und es war einmal schön", singt Erika Pluhar. Sie hat recht damit.

Es gibt die Wiederentdeckungen, die großen Namen, Ereignisse, Gefühle der Vergangenheit. Manchmal öffnen sich auch lange verschlossene Türen neu, und man findet vergessen Geglaubtes dahinter. Die Musik mit ihren Jahresregenten macht es vor: Ohne Bruckner-Jahr würde man in den klassischen Konzerten noch mehr Mozart und Beethoven hören. Beide großartig, aber da war doch noch etwas …

Das jährliche Mauthausen-Gedenken hält die Konfrontation mit dem Holocaust wach und damit auch die Frage, welche Rolle Österreich in der Nazizeit gespielt hat. Die Republiksgedenken finden zwar weitgehend unter Ausschluss der Öffentlichkeit statt, aber sie könnten auch zu einer Auseinandersetzung mit den Zielen und Problemen unseres Staates genutzt werden.

Manche Katastrophen sind riesig im jeweiligen Moment und doch bald wieder vergessen. Wenn das Ende der russischen Gaslieferungen droht, keimt europaweit wieder Begeisterung für die Kernkraft auf. Ein Gedenken an Tschernobyl hilft, dass einem die Gefahr dieser Großtechnologie doch bewusst wird.

Manchmal dienen solche Jubiläen auch nur dazu, dass man merkt, was sich eigentlich alles geändert hat. Und auch das hat seine Berechtigung. Aus der Geschichte lernen heißt manchmal auch, den Fortschritt wieder zu schätzen. Und ab und zu auch nur zu staunen. Es gibt unangenehmere Arten, seine Zeit zu verbringen.

Falkland – Ein Krieg voller Parallelen

Mitte März bis 15. Juni 1982: Falklandkrieg
zwischen Argentinien und Großbritannien

Als Wladimir Putin am 24. Februar 2022 den Überfall auf die Ukraine befiehlt, macht er das fast genau 40 Jahre nach dem letzten Krieg einer europäischen Großmacht: Mitte März 1982 wird auf Südgeorgien, einer britischen Insel im Südatlantik, von Soldaten die argentinische Flagge gehisst – der Falklandkrieg hat begonnen. Anfang April besetzen die Argentinier dann nicht nur das fast unbewohnte Südgeorgien, sondern auch die Falkland inseln selbst. Die Parallelen zum Ukrainekrieg sind dabei unübersehbar. In beiden Fällen ist es ein autoritäres System, das innenpolitisch punkten will, indem es einen Überfall auf ein anderes Land begeht. Das gilt für Putins Einmarsch in der Ukraine, und damals war es die Militärdiktatur in Argentinien, die wirtschaftlich in Bedrängnis war und mit der Eroberung der Falklandinseln eine große patriotische Welle hervorrufen wollte. In beiden Fällen lieferten die Verantwortlichen auch fragwürdige historische Begründungen: Bei Putin war es die Behauptung, die Ukraine sei überhaupt kein Staat und keine Nation. Und die Argentinier bezogen sich auf einen Rechtsanspruch des Königreichs Spanien von 1770, der ihnen die damals unbewohnten

Inseln zuschlagen sollte. Allerdings gab es seit 1811 keine spanische Siedlung mehr auf den Inseln, 1833 errichteten stattdessen die Briten einen Flottenstützpunkt auf den Inseln, die in etwa so groß wie Oberösterreich sind.

1982 lebten knapp über 1800 Menschen auf den Falklands, Nachkommen von Engländern und Schotten, und 400.000 Schafe. Beschützt wurden sie von 45 Soldaten. Für die argentinischen Invasionstruppen mit fast 15.000 Mann war das kein Gegner, die Eroberung ging rasch. In der Nacht zum 2. April landeten die Argentinier in Port Stanley, dem Hauptort der Falklandinseln, schon um 10:00 Uhr früh am nächsten Tag wurde die argentinische Flagge am Gouverneursgebäude gehisst. Aber von da an ging für die Argentinier alles schief.

Zunächst einmal hatten sie, wie Putin in der Ukraine, den falschen Zeitpunkt gewählt. Bei Putin war es die Rasputiza, die Schlammzeit im Frühling, in der alles taut und die Panzer dadurch im Matsch versinken und nur schwer oder gar nicht vorankommen. Auch bei den Argentiniern war das Problem die Jahreszeit: Wären sie einen Monat später einmarschiert, wäre bald darauf der antarktische Winter mit seinen Stürmen gekommen. Und die Engländer hätten ihren Versuch der Rückeroberung erst ein halbes Jahr später beginnen können. So aber ging es sich für die Briten gerade noch aus, die 12.000 Kilometer zwischen England und Falkland mit rasch requirierten Schiffen zu überbrücken. Weil die britische Navy damals im Umbau war, musste man zivile Schiffe dafür beschlagnahmen: mehrere Handelsschiffe und sogar zwei Kreuzfahrtschiffe, die *Canberra* und die *Queen Elizabeth*. Mit diesen Schiffen brachte man Truppen und Material gerade noch rechtzeitig vor Winterbeginn auf die Falklands. Mit diesen schnell herbeigeschafften Truppen wurden die Argentinier rasch geschlagen. Es gab insgesamt 1000 Gefallene und 12.000 Kriegsgefangene – bis auf einen waren alle Argentinier. Der eine britische Kriegsgefangene war ein Pilot, der mit seinem Flugzeug über einem argentinisch besetzten Gebiet abgeschossen worden war.

Nach drei Monaten war der Falklandkrieg vorbei. Und es hatte dabei einen wirklich brenzligen Moment gegeben, der ebenfalls an den Ukrainekrieg und Putin erinnert: Die gefährlichste Waffe der Argentinier waren Exocet-Raketen, französische Lenkwaffen, gegen die die Briten zunächst keine wirksame Abwehr hatten. Ein Mitarbeiter des damaligen französischen Präsidenten François Mitterrand erzählte später, wie sein Chef von Großbritanniens Premierministerin Margaret Thatcher erpresst worden war: Wenn Mitterrand ihr nicht die Codes gebe, mit denen man die Exocets ausschalten konnte, würde sie Argentiniens Hauptstadt Buenos Aires mit Atomraketen angreifen lassen. Die dazu benötigten U-Boote mit den Atomwaffen hatte sie bereits vor der argentinischen Küste stationiert. Auch diese Drohung, Nuklearwaffen einzusetzen, kommt uns heute leider bekannt vor.

Zum Atomkrieg kam es damals aber gottlob nicht. Die Falklandinseln sind bis heute ein Teil Großbritanniens, mittlerweile hat man 1300 Soldaten dort stationiert und nicht mehr bloß 45 wie vor dem Krieg. Margaret Thatcher gewann die nächsten Wahlen. Der Krieg hatte sie populär gemacht, was man davor nicht gerade über sie sagen konnte. Denn ihr hartes Vorgehen bei Bergarbeiterstreiks hatte sie bei vielen Briten verhasst gemacht, nach allen Umfragen hätte sie eine Niederlage eingefahren – bis sie der Sieg im Krieg zur „Eisernen Lady" machte.

Der argentinische Diktator Leopoldo Galtieri wurde gleich nach der Niederlage abgesetzt. Als die Militärjunta ein Jahr später ebenfalls abdanken musste und Argentinien zur Demokratie zurückkehrte, wurde er verhaftet, vor ein Gericht gestellt und zu zwölf Jahren Haft verurteilt. Ob der Ukraine-Überfall jemals ähnliche Folgen für Putin haben wird, muss sich erst zeigen.

Nahost, der ewige Konflikt

19. bis 26. April 1920: Konferenz von Sanremo

Es gab eine Zeit, da war der Orient vor allem exotisch, verführerisch, geheimnisvoll. Karl May reiste mit der Figur des Kara Ben Nemsi ins wilde Kurdistan. Die Ungenauigkeit seiner Lokalkenntnis zeigt sich allerdings schon daran, dass sich dieser Karl (Kara) als ein *Ben Nemsi*, also Sohn eines Österreichers, bezeichnet und nicht als *Ben Almani*, Sohn des Deutschen. Dieser literarisch damals hochgeschätzte Orient mochte unter der Herrschaft osmanischer Paschas wirtschaftlich zurückgefallen sein, wenig entwickelt, auch altmodisch und korruptionsanfällig. Aber was er nicht war, ist kriegerisch. Der Nahe Osten ist vielmehr der älteste Kulturraum der Welt. Die ersten Städte entstanden dort, die ersten großen Reiche wie Mesopotamien und Babylonien. Die großen Religionen kommen von dort: das Judentum, das Christentum, der Islam. Der Nahe Osten war immer ein Schmelztiegel von Völkerschaften, von Religionen, von großen Herrschaftsgebieten – vom Ägyptischen Reich über die Römer bis zum Osmanischen Reich. Was es dort aber nie gegeben hat, waren klassische Staaten wie etwa in Europa. Die waren allesamt eine Neuerfindung vor gut 100 Jahren. Davor gab es weder Iraker noch Syrer noch Jordanier.

Am Beginn der Staatenbildung im Nahen Osten und damit auch der staatlichen Konflikte standen die europäischen Kolonialmächte. Im Ersten Weltkrieg setzten sich zwei Diplomaten, der Brite Mark Sykes und der Franzose François Georges-Picot, zusammen, um die Gebiete des Osmanischen Reiches nach dessen Niederlage aufzuteilen. Der ganze arabische Raum wurde dabei von ihnen in französische und britische Herrschaftszonen und Einflussgebiete geteilt. Aus denen entstanden nach dem Krieg bei der Konferenz von Sanremo im April 1920 die Nahoststaaten: Syrien und Libanon auf der französischen, Irak und Palästina auf der britischen Seite. Gegründet wurden sie als sogenannte Völkerbundmandate, das war ein Zwischending zwischen Kolonie und selbstständigem Staat. Und so wie Frankreich eine Tradition als Republik hatte und Großbritannien immer ein Königreich war, wurden die französischen Gebiete Syrien und Libanon Republiken. Die britischen wurden Monarchien. Das Königreich Jordanien, das aus dem Völkerbund-Mandatsgebiet Palästina entstand, existiert bis heute. Die Grenzen der jeweiligen Staaten waren Bleistiftstriche auf Landkarten, weitgehend willkürlich. Man sieht diese sehr willkürliche Grenzziehung noch heute, wenn man sich einen Atlas anschaut, es gab ja keine historisch gewachsenen regionalen Einheiten.

Die Menschen waren also plötzlich nicht mehr Araber, sondern Syrer, Libanesen oder Mesopotamier – so hieß der Irak vor dem Sturz des Königs im Jahr 1958. Am stärksten definierte man sich aber über die Religionszugehörigkeit innerhalb und außerhalb des Islam. Man war also zuerst koptischer Christ oder Jude. Oder als Muslim vor allem Sunnit, Schiit oder Alewit. Das ist eine Zerrissenheit, die im Nahen Osten bis heute weiterlebt. Der Libanon etwa wird von seinen Religionsgemeinschaften zerstört, ein Proporzsystem von Schiiten, Sunniten und Christen blockiert jede Veränderung und jeden Fortschritt. Hinzu kommt die Fixierung auf Israel als Außenfeind, die die Beschäftigung mit den eigenen Unzulänglichkeiten hintanstellt.

Denn nach der Katastrophe des Holocaust, nach der Verfolgung und Vernichtung der jüdischen Bevölkerung in Europa, nahm die Idee des Zionismus gewaltig Fahrt auf. Ein jüdischer Staat auf historischem Boden als Schutzmacht gegen den weltweiten Antisemitismus: ein absolut verständliches Anliegen. So kam es 1948 zur Gründung des Staates Israel, in einem Gebiet, das natürlich schon besiedelt war.

Bei der ersten neuzeitlichen Volkszählung im Jahr 1922 lebten in Palästina knapp 600.000 Muslime und rund 80.000 Juden. Schon im folgenden Jahrzehnt wanderten etwa 100.000 weitere Juden ein, ein Zustrom, der im Zuge der Judenverfolgung und des Holocaust noch einmal anstieg. Die arabischen Großgrundbesitzer verkauften ihr Land um gutes Geld an jüdische Siedler, ihre palästinensischen Pächter mussten weichen. Es kam zu Aufständen und Massakern, nicht an den Großgrundbesitzern, sondern an Juden.

Heute leben in Israel zehnmal so viele Menschen wie noch vor hundert Jahren. Derzeit zählt man rund sechseinhalb Millionen Juden und etwa anderthalb Millionen Araber. Rund um Israel leben noch einmal fünf Millionen Nachkommen palästinensischer Flüchtlinge. Viele davon auch nach Jahrzehnten noch in Flüchtlingslagern. Allein diese Zahlen zeigen, wie schwierig eine Lösung ist. Und warum der Nahe Osten heute mit Konflikt verbunden wird statt mit den Verlockungen des Orients.

Die unterschiedlichen Enden des Dritten Reiches

8. bzw. 9. Mai 1945: Ende des Zweiten Weltkriegs in Europa

1000 Jahre sollte Adolf Hitlers Drittes Reich dauern, gerade einmal 13 sind es geworden. Im Mai 1945 ging es im Krieg unter, und das Ende war ein blutiges, vor allem die letzten Kriegsmonate waren ein einziges großes Sterben: Wer sich die Kriegerdenkmäler auf Österreichs Friedhöfen ansieht, bemerkt bald, dass bei der überwiegenden Zahl der Gefallenen und Vermissten ein Datum aus den Jahren 1944 und 1945 steht.

Der Tag der Kapitulation Nazideutschlands war der 8. Mai 1945. Oder war es doch der 9. Mai? Ist das Dritte Reich vielleicht erst am 23. Mai 1945 untergegangen? Für alle drei Daten gibt es historische Begründungen. Und wer sich in Erinnerung ruft, dass die Siegesparaden auf Moskaus Rotem Platz jährlich am 9. Mai stattfinden, weiß, dass dieser Geschichtsdisput immer noch lebendig ist.

Der 9. Mai liegt an Stalin und daran, dass der sowjetische Diktator schon 1945 eine Sonderrolle für sein Land beansprucht hat. Die bedingungslose Kapitulation der deutschen Wehrmacht fand eigentlich am 7. Mai im damaligen alliierten Hauptquartier im französischen Reims statt. Als Zeitpunkt für die Einstellung aller Kampfhandlungen, also das offizielle Ende des Krieges, wurde der 8. Mai festgelegt. Aber Stalin entschied, dass das für ihn nicht galt. Denn bei der Unterzeichnung der Kapitulationserklärung im Westen waren keine sowjetischen Offiziere anwesend. Daher musste die Kapitulation für ihn noch einmal wiederholt werden, und zwar im sowjetischen Hauptquartier, das damals schon in Berlin war. Da wurde die Urkunde noch einmal unterschrieben, am 9. Mai 1945, um 0:16 Uhr. Daher gilt für die Russen bis heute der 9. Mai als Kriegsende in Europa. In Japan wurde noch bis August weitergekämpft, bis Hiroshima und Nagasaki. In Europa war es da längst mit den Kampfhandlungen vorbei, es gab zwar noch einige Gebiete, die unter Kontrolle der Wehrmacht standen, von Norwegen bis Kreta, aber gekämpft wurde ab dem 8. Mai nicht mehr. Es gab allerdings den Versuch von Großadmiral Karl Dönitz, das Deutsche Reich noch weiterzuführen. Hitler hatte ihn vor seinem Selbstmord zu seinem Nachfolger als Reichspräsident ernannt. Dönitz bildete daraufhin auch eine Regierung und regierte von einem Marinestützpunkt im norddeutschen Flensburg aus weiter. SS-Chef Heinrich Himmler war einer derjenigen, die als Minister in dieses „Kabinett Dönitz" eintreten wollten, wohl auch, um eine gewisse Form von Immunität und Schutz vor den siegreichen Alliierten zu erlangen. Dönitz lehnte Himmler ab, der versuchte daraufhin zu fliehen, wurde aber von britischen Soldaten gefangen genommen und beging schließlich Selbstmord durch Zerbeißen einer Zyankalikapsel.

Es gab jedoch – im Selbstverständnis dieser Reichsregierung – tatsächlich ein Deutsches Reich in Flensburg. Es hieß „Sonderbereich Flensburg-Mürwik", und es war nur mehr 14 Quadratkilometer groß. Es nahmen dort aber nach wie vor deutsche Soldaten Sicherheitsaufgaben wahr. Und es gab sogar Gerichtsverfahren wegen „Desertation", samt verhängten Todesurteilen. Karl Dönitz gab auch weiterhin Tagesbefehle an die Wehrmacht heraus. Erst am 23. Mai setzten die Briten diesem absurden Schauspiel ein Ende. Sie verhafteten das immer noch dort befindliche „Oberkommando der Wehrmacht" und die Angehörigen der Regierung Dönitz und stellten sie vors Kriegsgericht. Dönitz wurde bei den Kriegsverbrecherprozessen in Nürnberg zu zehn Jahren Haft verurteilt. Er starb 1980, bis zuletzt war er eine Symbolfigur des deutschen Rechtsextremismus.

Heute wird das Gedenken an das Kriegsende vor allem in Russland groß gefeiert, auch weil es dort besonders viele Kriegsopfer gab. Man zählte fast 24 Millionen Tote allein in der damaligen Sowjetunion. Und diese waren zum überwiegenden Teil Zivilisten: 14 Millionen waren zivile Opfer, zehn Millionen Sowjetsoldaten. Zum Vergleich: Deutschland zählte 7,7 Millionen Kriegstote, Österreich knapp 400.000. Den Zweiten Weltkrieg nennt man heute in Russland den „großen vaterländischen Krieg", das Gedenken an ihn dient der Glorifizierung des Russentums. In jedem Ort gibt es an zentraler Stelle ein Denkmal mit Panzern oder Kanonen. Und immer noch ist die Feier am 9. Mai ein großes Fest des Patriotismus. In den meisten anderen Ländern ist diese Geschichte dann doch schon mehr Vergangenheit.

Atomkraft 1 – Tschernobyl, der verdrängte Schock

26. April 1986: Nuklearkatastrophe von Tschernobyl

Eine Technologie der 1950er-Jahre ist aktuell wieder in vielen politischen Debatten präsent: die Atomenergie. In Sachen Klimawandel glänzt sie mit CO_2-Freiheit, wenn russisches Erdgas ausfällt, verspricht sie dauerhafte Verfügbarkeit. Fast vergessen scheint aber, wie gefährlich die Nutzung der Kernkraft auch sein kann. Und verdrängt wird die Erinnerung an Tschernobyl. Dort ging im Frühjahr 1986 alles schief, was nur schiefgehen konnte.

Damals wollte man zunächst eigentlich nur einen Notfall simulieren: Man wollte probieren, ob die Reaktorturbine auch dann noch genügend Strom produziert, um das Kühlsystem aufrecht-zuerhalten, wenn das externe Stromnetz ausfällt. Dabei musste man lernen: Es funktioniert nicht. Das Ergebnis der Übung war der größte Atomunfall aller Zeiten. Doch weil sich das Ganze in Zeiten der Sowjetunion abspielte, wurde er zunächst einmal verschwiegen. Im Selbstverständnis dieser damaligen Supermacht gab es so etwas wie selbst verschuldete Katastrophen nicht. Bekannt wurde alles erst durch erhöhte Radioaktivitätsmessungen in Schweden. Hinzu kam damals auch noch das Pech, dass in Europa nicht die übliche Westwindlage vorherrschte, sondern dass der Wind stattdessen aus Osten kam. Und mit ihm der radioaktive Fallout, auch nach Österreich. Das Land wurde aufgrund des Wetters sogar besonders stark in Mitleidenschaft gezogen: Die radioaktiven Wolken regneten sich an den Alpen ab, Kärnten etwa war besonders betroffen. Bis heute misst man in Pilzen und auch in Waldtieren wie Wildschweinen erhöhte Cäsiumwerte. Allerdings gibt es keinerlei Hinweise etwa auf erhöhte Krebsraten bei uns. In der Gesundheits- und Sterbestatistik hat sich Tschernobyl in Österreich nicht niedergeschlagen.

Wie viele Opfer die Katastrophe aber vor Ort forderte, ist schwer zu sagen. An den unmittelbaren Folgen direkter Verstrahlung, der Strahlenkrankheit, starben knapp 50 Menschen. Allerdings ist immer noch unklar, wie viele in späteren Jahren Krebs bekamen. Internationale Experten gehen heute davon aus, dass es im Gebiet der ehemaligen Sowjetunion durch Tschernobyl rund 10.000 zusätzliche tödliche Krebserkrankungen gab.

Für die Atomindustrie hatte Tschernobyl kaum Folgen. Man schob die Schuld auf die wirklich stümperhaften Fehler bei der Bedienung des Reaktors im Zuge der „Notfallübung". Eine wirkliche Zäsur für die Atomindustrie war erst die Katastrophe von Fukushima im Jahr 2011, obwohl die bezüglich der Zahlen we-

niger dramatisch war als Tschernobyl. Die ausgetretene Radio-
aktivität in Japan betrug nur ein Zehntel von jener damals in der
Ukraine. Und sie zog zur Gänze aufs Meer hinaus. Trotzdem hat
Fukushima etwa in Deutschland zum Ausstieg aus der Atomenergie geführt, der derzeit wieder diskutiert wird, mit den eingangs
erwähnten Argumenten.

Denn klimaneutral ist die Atomkraft zweifellos, es fällt kein
CO_2 an. Allerdings muss man stattdessen Zehntausende Jahre
lang auf den radioaktiven Müll aufpassen. Auch kein einfach zu
lösendes Problem.

Atomkraft 2 – Wie Zwentendorf zum Museum wurde

5. November 1978: Volksabstimmung
über das AKW Zwentendorf

Das Selbstbild von uns Österreichern ist ja durchaus positiv: Wir
leben im Bio-Feinkostladen Europas, sind Altpapier-Sammel-
weltmeister, genfrei und atomfrei sind wir auch. Die Idee von
Österreich als Umwelt-Vorbildland ist tief in den Köpfen seiner
Einwohner verankert. Im Kern geht sie zurück auf einen Volks-
entscheid im November 1978. Damals sprach sich eine knappe
Mehrheit der Österreicher gegen die Inbetriebnahme des einzigen österreichischen Kernkraftwerks in Zwentendorf aus. Die
Gründe dafür waren vielfältig – und die Vorgeschichte komplex.

In den 1950er- und 60er-Jahren wurde die Kernkraft als Inbegriff der Modernität angesehen. Ein Industriestaat, der etwas
auf sich hielt, musste an dieser Technologie teilhaben, das war in

Österreich nicht anders. 1969 wurde daher der Bau eines Atom-kraftwerks beschlossen: in Zwentendorf an der Donau, bei Tulln in Niederösterreich. Die Nähe zur Donau war wichtig, denn für die Kühltürme braucht man große Mengen an Wasser. Zwen-tendorf sollte ursprünglich auch Teil einer ganzen Kette von Atomkraftwerken an der Donau sein. In St. Pantaleon-Erla, an der Grenze zwischen Nieder- und Oberösterreich nahe Maut-hausen, war sogar schon der Grund dafür angekauft worden. Ein drittes Kernkraftwerk sollte bei Eferding in Oberösterreich entstehen. Und ein viertes schließlich in Kärnten, an der Drau gleich bei Völkermarkt. Auch dort war der Baugrund schon für den Bau eines Atomkraftwerks gewidmet und blieb es noch 30 Jahre lang. Aus all diesen Projekten wurde jedoch nichts. Nur das Kraftwerk in Zwentendorf wurde zwar gebaut, aber nie in Betrieb genommen.

Es war die aufkommende Ökologie-Bewegung der 1970er-Jahre, die die Stimmung drehte. Damals wurde erstmals über Die Grenzen des Wachstums geredet, wie der berühmte erste Bericht des Club of Rome hieß. In der Folge bildete sich eine Anti-AKW-Szene, die anfangs jedoch noch recht klein blieb. Während Zwentendorf zunächst problemlos in Bau ging, gab es in St. Pantaleon aber schon Proteste am geplanten Bauplatz, ein Novum für Österreich. Auch im Waldviertel, wo ein Endlager für den Atommüll entstehen sollte, gingen die Anwohner auf die Barrikaden. Die Zeit, in der der Glauben an die Technik nicht hinterfragt wurde, ging augenscheinlich langsam zu Ende. Und 1977 kam es dann zu großen Protestzügen aus ganz Österreich zum mittlerweile fertig gebauten AKW Zwentendorf. Das wa-ren die sogenannten Sternfahrten, Demonstrationen, zu denen die Teilnehmer quasi sternförmig aus allen Teilen Österreichs angereist kamen. Dieser Protest richtete sich zumindest genauso stark gegen den damaligen Bundeskanzler Bruno Kreisky wie gegen das Atomkraftwerk selbst. Kreisky hatte in seinem Amtsverständnis schon einiges vom „Sonnenkönig" angenommen, wie er damals ja auch genannt wurde. Beim Atomkraftwerk Zwentendorf griff er aber zu einer eleganten Lösung: Er ließ eine Volksabstimmung über die Inbetriebnahme ansetzen.

Die Opposition aus ÖVP und FPÖ ergriff die Chance, Kreisky eine Niederlage zuzufügen. Denn der hatte sein politisches Schicksal mit dem Atomkraftwerk verbunden: Wenn die Bevölkerung nicht seiner Linie folgen würden, denke er über einen Rücktritt nach. Die Abstimmung ging dann tatsächlich verloren: Die vereinigte Opposition auf der einen Seite und die jungen Linken auf der anderen, die ökologiebewegt ebenfalls gegen die Atomkraft auftraten, erreichten am Wahlabend am 5. November 1978 50,5 Prozent der Stimmen gegen die Inbetriebnahme. Die AKW-Befürworter erhielten ein Prozent weniger. Zwentendorf wurde so zum Kernkraftmuseum statt zum Atomkraftwerk.

Aber Kreisky blieb Kanzler, er nahm die Niederlage zur Kenntnis – und machte einfach weiter. Bei der nächsten Nationalratswahl, ein halbes Jahr später, konnte er seine absolute Mehrheit sogar noch ausbauen. Davor war im Parlament bereits das sogenannte Atomsperrgesetz beschlossen worden: Österreich sollte keine AKWs bauen und keine Lagerstätten für radioaktives Material errichten. Außerdem wurde das Land zu einer Sperrzone für Atomwaffen. Knapp 20 Jahre später wurde dieses Gesetz nach einem neuerlichen Anti-Atomkraft-Volksbegehren sogar in den Verfassungsrang erhoben. Dass Österreich damit einer der grünen Vorreiter in Europa wurde, ist aber mehr eine gefühlte Wahrheit als eine tatsächliche: Wir nutzen zwar keine Atomkraft, und es gibt ein Verbot für den Anbau gentechnisch veränderter Pflanzen, die Landwirtschaft ist in vielen Bereichen naturnah und biologisch. Im sogenannten Klimaschutz-Index internationaler Umweltorganisationen belegt Österreich momentan allerdings gerade mal Platz 36, hinter Ländern wie der Slowakei oder Rumänien. Über das Selbstbild vom „ökologischen Vorreiter" müssen wir also noch einmal nachdenken.

Atomkraft 3 – Größte anzunehmende Unfälle

26. April 1986: Nuklearkatastrophe von Tschernobyl
11. März 2011: Atomunfall in Fukushima

Tschernobyl ist jener Atomunfall, der den meisten Menschen bis heute als Katastrophe im Gedächtnis geblieben ist. Zu Zwischenfällen kam es bei der Nutzung der Kernkraft aber immer wieder, der größte anzunehmende Unfall, der GAU, war damit immer in der Kalkulation dabei. Und manchmal kam es sogar zum Super-GAU, wie in Tschernobyl oder Fukushima.

Dass radioaktive Strahlung sehr gefährlich ist, mussten schon ihre Entdecker erfahren, Marie und Pierre Curie. Die Wissenschaftler und Nobelpreisträger erkrankten beide an der Strahlenkrankheit. Marie Curie starb daran, ihr Mann Pierre wahrscheinlich nur deswegen nicht, weil er schon mit 46 Jahren an einem Verkehrsunfall starb: Er geriet unter ein Pferdefuhrwerk und erlitt einen Schädelbruch.

Von Atomunfällen sprach man aber erst später, als man sich an die Nutzung dieser mysteriösen energiereichen Strahlung machte. Die ersten Todesopfer bei solchen Unfällen gab es in dem legendären Atomforschungszentrum des US-Militärs in Los Alamos im Bundesstaat New Mexico gleich nach Ende des Zweiten Weltkriegs. Die Forscher experimentierten dort mit einem sechs Kilo schweren Plutoniumkern. Das Gewicht war deswegen wichtig, weil die kritische Masse, bei der die Kernspaltung von selbst startet, bei Plutonium bei acht Kilogramm liegt. Mit diesem etwas kleineren Stück konnte man also – theoretisch – gefahrlos umgehen. Im August 1945 arbeitete der Wissenschaftler Harry Daghlian Jr. an sogenannten Neutronenreflektoren. Diese spiegeln die Strahlung zurück und verstärken sie damit. Ein Reflektor fiel ihm dabei aus der Hand und landete nah am Kern, wodurch sofort die Kernspaltung begann. Daghlian konnte den Reflektor zwar wieder wegschleudern, die Strahlung war aber bereits so stark, dass er ins Koma fiel und drei Wochen später an der Strahlenkrankheit starb.

Neun Monate später, im Mai 1946, fand wieder ein Experiment mit demselben Plutoniumkern statt. Der Forscher hieß diesmal Louis Slotin, die Versuchsanordnung war ganz ähnlich. Slotin hielt die Reflektoren diesmal mit einem Schraubenzieher fest, einer rutschte dabei aus der Führung. Die Spaltung begann, die Strahlendosis war viermal so hoch wie bei Daghlian. Slotin starb neun Tage später. Von da an hieß dieser Plutoniumkern demon core, also Dämonenkern. Man hat ihn später eingeschmolzen – auch Wissenschaftler können offenbar abergläubisch sein.

Mit Schraubenziehern wird heute nicht mehr herumhantiert. Man kann durchaus sagen, dass die Sicherheitsvorkehrungen in Atomkraftwerken besonders hoch sind. Das liegt auch daran, dass allfällige Unfälle besonders weitreichende Folgen haben.

Der erste bekannte schwere Unfall in einem Kernkraftwerk passierte 1957 im britischen Windscale. Durch ein Feuer wurden radioaktive Gase freigesetzt, in der Gegend gab es später mehr als 200 davon ausgelöste Krebsfälle. Weil das nicht gerade gute Werbung für das Kraftwerk war, benannte man die Anlage später auf

Sellafield um. Die Briten betreiben dort heute noch eine Wiederaufbereitungsanlage.

Schon zwei Jahre davor hatte es im sowjetischen AKW Kyschtym einen Störfall gegeben, der aber von den Sowjets totgeschwiegen worden war. Das Ausmaß der freigesetzten Strahlung dürfte wahrscheinlich doppelt so groß wie später in Tschernobyl gewesen sein. Bekannt wurde all das erst mehr als 30 Jahre später, nach der Tschernobyl-Katastrophe.

Insgesamt sind bis heute weltweit 29 größere Unfälle in Atomkraftwerken und Wiederaufbereitungsanlagen an die Öffentlichkeit gelangt. Die Zahl der sogenannten Störfälle kann nur geschätzt werden. Dabei handelt es sich um Vorkommnisse in Atomkraftwerken, die so gravierend sind, dass es zu einer Schnellabschaltung des Reaktors kommen muss. Die deutschen Behörden gehen davon aus, dass es rein statistisch jedes Jahr in einem Prozent der 440 weltweit betriebenen Kernkraftwerke zu Störfällen kommt, die so ernst sind, dass sie in die internationale Unfallstatistik aufgenommen werden.

Live dabei – und zwar im wörtlichen Sinn mit Fernsehübertragungen – war die Weltöffentlichkeit am 11. März 2011 in Fukushima. Erst gab es ein Seebeben, dann einen Tsunami. Diese Monsterwelle beschädigte das unmittelbar an der Küste gelegene Atomkraftwerk. Rund 150.000 Menschen mussten danach das Gebiet um ihre Heimatstadt Fukushima verlassen. Die Entsorgungsarbeiten im zerstörten Kraftwerk werden noch bis zum Jahr 2050 dauern, schätzen die Betreiber. Über Opferzahlen kann man aber auch hier wenig sagen. Es gab einige Tote beim Unfall selbst, die Zahlen variieren. Man geht von einigen Hundert Krebstoten in Folge der Kontaminierung aus. Die wahrscheinlich tragischste Geschichte rund um den Fukushima-GAU ist aber die von 90 bettlägerigen oder komatösen Patienten, die bei der Evakuierung der Stadt in einem Spital zurückgelassen wurden. Als die Rettungskräfte drei Tage später zurückkamen, waren 50 von ihnen bereits tot.

Terror 1 – Terror in Österreich

2. November 2020: Terroranschlag in Wien

Der 2. November 2020 ist ein Montag. Es ist außergewöhnlich warm und schön im Osten Österreichs, viele nutzen diesen Vorabend eines neuerlichen Lockdowns für eine letzte Runde durch die gerade noch geöffneten Lokale und Gastgärten. Gegen 20:00 Uhr kommt ein junger Mann in die Wiener Innenstadt, ein 20-jähriger Österreicher mit nordmazedonischen Wurzeln. Ein Schulabbrecher, ein junger Arbeitsloser, der sich radikalisiert hat, ein Anhänger der Terrororganisation IS. Er ist bewaffnet: mit einem Sturmgewehr, einer Pistole und einer Machete. Neun Minuten später ist er tot, erschossen von der Polizei. Davor tötet er vier Menschen, die zufällig am selben Ort waren wie er, und verletzt 23 weitere. Sein erstes Opfer ist ein junger Mann, 21 Jahre alt, ebenfalls mit nordmazedonischen Wurzeln. Die Heimatdörfer der Eltern des Täters und der Eltern des Opfers liegen nur eine Autostunde voneinander entfernt.

Dieser Anschlag in Wien beendete eine lange, ruhige terrorfreie Phase. Österreich war bisher nie ein Haupt-Zielland des Terrors. Große Anschläge mit Toten gab es nur wenige, und die vor allem in den 1970er- und 1980er-Jahren.

Begonnen hatte es mit der OPEC-Geiselnahme drei Tage vor dem Heiligen Abend 1975. Der Überfall auf die OPEC-Konferenz richtete sich gegen die Erdölminister der teilnehmenden Staaten, ausgeführt wurde er von einem venezolanischen Terroristen mit dem Spitznamen Carlos, der Schakal, im Namen der Arabischen Revolution. Mittlerweile geht man davon aus, dass der Anschlag vom damaligen libyschen Staatschef Muammar al-Gaddafi angeordnet wurde, der damit den Ölpreis manipulieren wollte. Einen Anschlag auf ein Ziel wie die OPEC mit ihren arabischen Ministern hatte niemand erwartet, entsprechend gering waren die Sicherheitsvorkehrungen gewesen. Die Geiselnahme wurde nach zwei Tagen beendet, vier Menschen kamen bei diesem Anschlag ums Leben.

Ebenfalls in Zusammenhang mit dem arabischen Raum standen Terroranschläge Anfang der 1980er-Jahre, die durch die Abu-Nidal-Gruppe, eine Abspaltung der Palästinensischen Befreiungsorganisation PLO, in ganz Europa verübt wurden. Sie attackierten unter anderem die Wiener Synagoge und ermordeten am 1. Mai 1981 den SPÖ-Politiker Heinz Nittel vor seinem Haus in Wien-Hietzing. Und im Dezember 1985 fand ein Anschlag am Flughafen in Wien-Schwechat statt, auf die vor dem Schalter der israelischen Fluglinie El-Al wartenden Passagiere. Mit vier Toten und 39 Verletzten war es der bisher blutigste Anschlag in Österreich.

Schon wenige Jahre später, Mitte der 1990er-Jahre, brachte die Bombenserie des Franz Fuchs den Terror zurück nach Österreich. Die schlimmsten Folgen hatte das Attentat in Oberwart mit einer Sprengfalle, die vier burgenländische Roma das Leben kostete. Der Täter wurde 1997 bei einer Verkehrskontrolle verhaftet: Er hielt sich für überführt und versuchte, sich in die Luft zu sprengen, verlor bei der Explosion aber nur seine beiden Hände und verletzte die Beamten schwer. Zwei Jahre später wurde er zu lebenslanger Haft verurteilt, 2000 beging er in seiner Zelle im Gefängnis Graz-Karlau Selbstmord.

Mit den Anschlägen der Al Kaida auf das World Trade Center in New York City und das Pentagon in Washington, D.C. am 11. September 2001 kam dann eine neue Dimension des Terrorismus dazu. Galten Anschläge bis dahin Zielen, die zumindest in der Gedankenwelt der Extremisten als feindlich empfunden werden konnten, ging es den Terroristen jetzt darum, die Bedrohung immer, überall und gegen alle aufrechtzuerhalten: Das Ziel ist fast egal, die Art der Opfer ist egal, Hauptsache, es gibt möglichst viele davon. Es gibt bei vielen Anschlägen nach 9/11 kaum Vorbereitungen und Verschwörungen. Meist sind es Einzeltäter, die man deswegen auch nur schwer vorher fassen kann. Die Waffe kann ein Messer sein, ein Auto oder, wie beim Anschlag in Wien, Schusswaffen. Und es geht nur darum, Angst und Schrecken zu verbreiten – und Hass. Das Ziel ist die Spaltung der Gesellschaft. Der Terrorist hofft, die Mehrheit der Bevölkerung gegen eine Minderheit aufzubringen – im Fall des islamistischen Terrors sind das die Muslime. Die durch die Anschläge ausgelöste Ablehnung durch die Mehrheitsbevölkerung soll die Minderheit ausgrenzen und radikalisieren. Damit hofft man, in diesen Bevölkerungsgruppen neue Unterstützer zu finden. Eine perfide Strategie.

Terror 2 – Von Anschlägen und Attentätern

15. März 44 v. Chr.: Ermordung Julius Cäsars im Senat

Es gab eine Zeit, da umwehte die Erzählung von Attentaten noch ein Hauch von Heldenmut. „Zu Dionys, dem Tyrannen, schlich Damon, den Dolch im Gewande", beginnt Schillers Gedicht *Die Bürgschaft*. Falls man sich nicht mehr an den Deutschunterricht und diese Ballade erinnert: Hier wird eine etwas verquere Heldengeschichte erzählt, es geht um den missglückten Anschlag auf einen Tyrannen, es geht um Freundschaft und letzten Endes auch um Großmut.

Den Tyrannenmord gab es seit der Antike. Gelang er, zeigte sich auch die Geschichtsschreibung gnädig. Siegte aber das Team des Gemeuchelten, wie im Fall von Julius Cäsar, wurde der Ausführende wortwörtlich zum „Brutus" und hatte eher keine gute Nachrede. In jedem Fall – auch im Falle Cäsars – wurde aber die Begründung mitüberliefert, und man konnte zumindest einen Ansatz von Rechtfertigung erkennen. So hatte sich Cäsar selbst zur Gottheit erklären lassen. Diejenigen, die ihn in den Iden des März, also am 15. März des Jahres 44. v. Chr., töteten, waren ehemalige Verbündete, die sein Griff nach unbeschränkter und absoluter Macht zu Gegnern gemacht hatte.

Im 19. Jahrhundert kam dann die Idee vom Anschlag als politisches Mittel auf. Die „Propaganda der Tat" sollte das unterdrückte Volk aufwecken, das war der Plan der damals aufkommenden anarchistischen Bewegungen. Michail Bakunin, ein russischer Adeliger und Revolutionär, war einer der wichtigsten Denker des Anarchismus, er vertrat die Ansicht, dass die Tat die populärste, stärkste, unwiderstehlichste Form der Propaganda sei. Und dass der Anarchismus in Russland entstanden ist, ist auch kein Zufall: Das Zarenreich war ein Ort der Unterdrückung. Die ersten Anschläge galten daher Zaren, Alexander II. wurde 1881 durch eine Bombe getötet. Attentate gab es auch auf Napoleon III. in Frankreich, auf den deutschen Kaiser Wilhelm II., auf den italienischen König Umberto I. Österreichs Kaiserin Sisi wurde 1898 von Luigi Lucheni, einem italienischen Anarchisten, mit einer Eisenfeile erstochen. Sie war mehr oder weniger ein Zufallsopfer,

Lucheni wollte eigentlich den italienischen König ermorden, dann einen französischen Prinzen. Für beide fehlte ihm das Reisegeld, die österreichische Kaiserin war aber gerade in Genf angekommen, wo er auch war, also wurde sie das Opfer. Sein Ziel sei gewesen, ein Mitglied der Aristokratie zu ermorden und die Öffentlichkeit zu schockieren, sagte er nach der Tat.

Er nahm damit vorweg, was zwei Generationen später die Regel werden sollte: Attentate galten nicht mehr bestimmten Personen, sondern bestimmten Gruppen. Die deutsche Rote-Armee-Fraktion oder die italienischen Roten Brigaden wollten Symbole des ihnen verhassten Systems treffen: Soldaten, Politiker, Bankiers und Unternehmer, wie im Fall der Entführung von Hanns Martin Schleyer durch die RAF. Bei der irischen IRA waren es Repräsentanten Englands, bei der baskischen ETA Vertreter Spaniens. Bedroht fühlen und fürchten sollten sich die als Ziele auserkorenen Gruppen, aber nicht alle anderen: Immer stand die Idee, dass die Propaganda der Tat das ganze Volk mitreißen sollte, dahinter. Beim modernen Terror ist das anders. Es geht nicht um die Tat selbst, sondern um ihre Auswirkungen. Terror kommt aus dem Lateinischen und heißt übersetzt Furcht. Und genau das wollen Terroristen: Gesellschaften verunsichern und in Angst versetzen. Der neue, vor allem islamistische Terror sendet das Signal aus: Es kann euch alle treffen.

Das einzige Mittel dagegen ist, die beabsichtigte Spaltung der Gesellschaft nicht geschehen zu lassen. Und etwa Muslime nicht als potenzielle Gefährder anzusehen, sondern ebenso als Opfer des Terrors. Das zeigen auch alle Statistiken.

Die Zahl der weltweiten Terroropfer betrug 2021 rund 7100, zwei Jahre davor waren es noch doppelt so viele, 14.000. Und im Jahr 2015 waren es noch 33.000 gewesen. Die Zahl der Anschläge und der Opfer ist also stark gesunken, das hängt auch mit der

Niederlage des sogenannten Islamischen Staates in Syrien und im Irak zusammen. Was man aber mit Sicherheit sagen kann, ist, dass fast alle Opfer Muslime waren. 97 Prozent aller weltweit verzeichneten Anschläge fanden in islamischen Ländern statt. Und das sollte man bei der Diskussion über islamistischen Terror auch nicht vergessen.

Terror 3 – Attentäter und ihre Waffen

24. Mai 2022: Amoklauf an einer Grundschule in Uvalde, Texas

Das Bild vom anarchistischen Attentäter mit der gezündeten Bombe in der Hand, bereit zum Wurf, ist seit hundert Jahren Vergangenheit. Vieles dient mittlerweile als Waffe: der gemietete Kleintransporter, das Küchenmesser, das soeben in der Haushaltsabteilung des Supermarkts gekauft wurde. In der Welt terroristischer Einzeltäter ist die Wut das Entscheidende, dass alles ihr als Instrument dienen könnte, erhöht nur die Gefühle von Bedrohung und Furcht.

In den meisten Fällen kommen aber Schusswaffen zum Einsatz. Am 24. Mai 2022 stürmt ein junger Mann eine Grundschule in Uvalde im US-Bundesstaat Texas und erschießt dort 19 Kinder, während die Polizei eine Stunde lang vor der Klassentür auf Verstärkung wartet. Der Attentäter von Wien beging seine Morde mit einem Sturmgewehr, mit einem im ehemaligen Jugoslawien gefertigten Nachbau einer AK-47, auch als Kalaschnikow bekannt. Dazu trug er eine Pistole und eine Machete. Die Munition für das Sturmgewehr hatte er sich in Bratislava zu besorgen versucht. Einem entsprechenden Hinweis der slowakischen Behörden wurde in Wien nicht nachgegangen. Das ist einer der erschreckendsten Aspekte dieses Anschlags, der auch gezeigt hat, wie einfach es in Österreich möglich ist, sich illegal mit Waffen und Munition zu versorgen. Der Bürgerkrieg am Balkan hat für gefüllte Waffenlager gesorgt, der Ukrainekrieg wird wohl ähnliche Auswirkungen auf den Schwarzmarkt haben. Denn der legale Zugang zu Waffen ist in Österreich strikt reglementiert. Seit 1996 sind nur mehr Luftdruckgewehre frei erhältlich, bei Schrotflinten gibt es eine dreitägige Wartefrist, bevor die Waffenhandlung die Waffe aushändigen darf. Alle anderen Gewehre und Pistolen sind bei der Behörde meldepflichtig. Man braucht zumindest eine Waffenbesitzkarte, und die wird nur ausgestellt, wenn man unbescholten ist, verlässlich und entweder einen Jagdschein oder ein psychologisches Gutachten vorlegen kann. Außerdem muss ein Grund genannt werden, warum man meint, die Waffe zu brauchen, wie als Sportschütze oder Jäger.

Dennoch gibt es in Österreich verhältnismäßig viele Waffen in privater Hand, man merkt daran die Popularität der Jagd. Auf 100 Einwohner kommen 30 Waffen, im internationalen Vergleich liegt Österreich damit erstaunlich weit vorne auf Platz 13. In der Schweiz kommen 27,6 Schusswaffen auf 100 Bewohner, in Deutschland 19,6. Vor Österreich liegen viele Balkanländer und auf Platz 2 das Bürgerkriegsland Jemen mit 52,8 – legalen – Schusswaffen pro 100 Menschen. Mit großem Abstand auf dem ersten Platz liegen aber die USA. Dort gibt es mehr Schusswaffen als Einwohner: 120,5 sind es in dieser Statistik – auf 100 Personen.

Der Besitz einer Waffe ist für viele Amerikaner zentraler Punkt ihres Selbstbildes. Seit 1791 ist das Recht, eine Waffe zu besitzen, Teil der US-Verfassung. Und die Regelungen sind in den letzten Jahren noch gelockert worden. So ist es seit Juni 2022 sogar erlaubt, jederzeit und überall eine Waffe mit sich zu führen. Die Folgen dieses lockeren Umgangs mit Waffen sind ebenfalls in Statistiken abzulesen: Mehr als 20.000 Menschen werden in den USA jährlich erschossen, das sind jeden Tag mehr als 50. Die Zahl der durch Schusswaffen getöteten oder verletzten Kinder unter zwölf Jahren beträgt mehr als 1000 pro Jahr, jene der Jugendlichen rund 5000. Viele dieser Fälle passieren im Rahmen von häuslicher Gewalt oder Bandenkriminalität, aber immer öfter sind es auch Attentate, terroristische und rassistische Massenmorde. Die meisten dieser *mass shootings* – die Definition dafür lautet: Ein Täter erschießt vier oder mehr Menschen – finden übrigens in Texas statt. Laut Washington Post treten derartige Vorfälle in den USA mittlerweile täglich auf. Nur wenn dabei, wie im Frühjahr 2022, Volksschulkinder oder zufällige Kunden eines Supermarkts getötet werden, merkt die Öffentlichkeit noch auf. In beiden Fällen waren die Attentäter 18-Jährige, die sich die Waffen für ihren Anschlag kurz davor völlig legal im nächsten Laden besorgt hatten. Um eine Dose Bier zu kaufen, hätten sie 21 Jahre alt sein müssen.

KAPITEL 3:

DER DISKRETE CHARME DER MONARCHIEN

Es ist oft eine verblüffende Erkenntnis: Da sind Menschen überzeugte Republikaner oder vor allem Republikanerinnen. Und dann bewegt sie doch das Schicksal von Monarchen: Leidet Charlène von Monaco an einer Depression? Passt es noch zwischen Kronprinzessin Victoria von Schweden und ihrem Daniel? Und: Wie geht's der Queen? Denn vor allem das britische Königshaus ist ein internationales Phänomen. Bei der Hochzeit von Prinz William und Kate Middleton waren zwei Milliarden Menschen an ihren Fernsehgeräten live dabei – zwei Milliarden, das ist ein Viertel der Weltbevölkerung.

Was macht die Faszination des Royalen aus? Gibt es eine Sehnsucht nach Verehrung, nach einer Aristokratie, zu der man hochblicken kann? Gibt es eine Sehnsucht nach gesellschaftlichen Unterschieden? Und waren die Menschen jemals gleich? Gibt oder gab es so etwas wie eine „klassenlose Gesellschaft", von der die Kommunisten träumten, bevor sie ihre Länder zu Funktionärsdiktaturen machten?

Ganz am Anfang der Menschheitsgeschichte wohl schon. Schon mangels Masse war die frühe Menschheit wohl recht gleichwertig geraten. Bis zur jungsteinzeitlichen Revolution, bis zur Einführung von Ackerbau und Viehzucht, lebten in ganz Europa zwischen 100.000 und 200.000 Menschen, schätzen die Wissenschaftler. In einem Gebiet wie Österreich also ein paar Tausend – Sippen und Familien, die umherzogen auf der Suche nach Beutetieren oder Früchte, Samen oder Beeren sammelten. Es gab wohl Familienoberhäupter, aber für komplexere Hierarchien gab es keinen Bedarf.

Der sesshaft gewordene Mensch bildete dann schon wesentlich ausgefeiltere Gesellschaften. Grund und Boden wurde nun besessen – und spezielle Fertigkeiten ebenso. Bauern, Viehzüchter, Handwerker, Priester, Krieger, Beamte, die männliche Form ist kein Versehen, es bildete sich das Patriarchat. Mit Patriarchen an der Spitze: Häuptlingen, Fürsten, Königen. Mit Männern, die die Macht hatten. Nur ganz selten waren es auch Frauen. Im antiken Griechenland gab es den Mythos von den Amazonen, von Völkern mit Königinnen und Kriegerinnen. Und in der Tat haben Archäologen im Bereich der Ukraine und Südrusslands, also dort, wo die Griechen die Amazonenvölker verortet hatten, Begräbnisstätten gefunden, in denen vor allem die Frauen mit Waffen bestattet worden waren, ein deutlicher Hinweis auf ihren Status als Kriegerinnen.

Doch in der Regel war der König ein Mann. Anfangs ein Mann der Tat, später ein Mann des Geblüts. Denn um Besitz, Macht und Ansehen vererben zu können, musste die Besonderheit der Familie des Herrschers hervorgekehrt werden, nicht bloß jene des Herrschers selbst. Gottkönige waren die Pharaonen, Gottkönige waren die großen römischen Herrscher: Sowohl Cäsar als auch Augustus ließen sich in ihren späteren Jahren als Götter verehren, eine Göttlichkeit, die dann auch ihre Nachfahren auszeichnete und legitimierte. Dem folgte das Gottesgnadentum: Die christlichen Monarchen sahen sich nicht mehr als Götter, das verbot ihre Religion. Aber sie waren Könige „von Gottes Gnaden", damit hatte das jeweilige Volk wenig zu tun. Die Legitimation kam also von ganz oben, und von dort kommt sie immer noch: Wenn in der wann auch immer anstehenden nächsten englischen Krönungszeremonie nicht bloß gekrönt, sondern auch gesalbt wird, dann ist dieser Vorgang einem religiösen Sakrament nachempfunden und stellt die gesalbte Person in eine besondere Verbindung zu Gott. Wer sich am Wiener Graben die barocke Pestsäule ansieht, der sieht ganz oben die Dreifaltigkeit, also Gott, darunter die Engel. Ganz unten, sozusagen im Erdgeschoss, steht die Allegorie des gläubigen Volkes mit dem Kreuz in der Hand. Ein Stockwerk höher steht der Kaiser, ein Engel trägt ihm die Reichskrone. Er ist eindeutig einen entscheidenden Schritt näher beim Göttlichen. In der Verehrung miteingeschlossen.

Und diese Verehrung des Königlichen, diese Faszination des Aristokratischen hat sich bis heute erhalten. Man braucht nur in die Zeitschriftenregale sehen: *Das Goldene Blatt*, die *Frau im Spiegel*, *Die Aktuelle*, *Echo der Frau*, *Frau aktuell* und die *Neue Welt für die Frau* – das zuletzt erwähnte Blatt mit kesser kleiner Krone im Titel und dem Versprechen, „Meine Nummer 1 royal" zu sein – präsentieren regelmäßig „das Neueste aus den Königshäusern". Und sie erreichen damit ein Millionenpublikum, immer noch. Das Interesse an den Anderen, Besonderen ist auch in unserer vermeintlich egalitären Gesellschaft riesengroß. Monarchinnen wie die englische Königin interessieren selbst junge, emanzipierte Menschen, und das Drama um Harry und Meghan bewegt die Welt. Und weil wir an diesem überaus großen Interesse keinesfalls achselzuckend vorbeigehen wollen, widmen wir uns, wie man so schön sagt: „untertänigst", auch hier den Monarchien.

Das bayerische Griechenland

Wer in Griechenland Urlaub macht, kennt das: Blauer Himmel, blaues Meer, dazu die weiß gekalkten Häuser auf den Inseln und im Idealfall noch ein heller Sandstrand dazu – kaum jemand hat passendere Nationalfarben als die Griechen. Dass die griechische Fahne ihre Farbgebung aber einer Geschichte aus Bayern verdankt, weiß kaum jemand. Und auch nicht, dass die Griechen den Bayern dafür einen Buchstaben geschenkt haben.

Im Frühjahr 1821 begann das, was man später die Griechische Revolution nannte, der Aufstand der Griechen gegen die Türken. Griechenland war damals schon fast 400 Jahre lang vom Osmanischen Reich beherrscht worden. Doch das war schwach geworden, und die aufkommende Begeisterung für die Antike brachte in ganz Europa viel Unterstützung für den griechischen Freiheitskampf mit sich. Anfangs allerdings mit mäßigem Erfolg: Die Aufständischen konnten zwar recht rasch den Peloponnes befreien, aber weiter kamen sie nicht. Dass der berühmte britische Schriftsteller Lord Byron 1824 im griechischen Freiheitskampf starb, trug zwar zu seinem Ruf als romantischer Autor und Held bei, aber wenig zur Befreiung Griechenlands.

Die große Wende kam erst 1827 mit einer Seeschlacht. Der türkische Sultan hatte damals die gesamte osmanische und ägyptische Flotte in der Nähe von Athen zusammengezogen, um die Griechen vom Meer aus zu besiegen. Die Briten, die Franzosen und die Russen schickten ihrerseits Schiffe, um den Kampf zu verhindern und stattdessen einen Waffenstillstand zu beaufsichtigen, eine Art frühe UNO-Truppe. Doch dann gab ein osmanisches Schiff, wahrscheinlich irrtümlich, einen Schuss auf ein britisches Boot ab. Die Briten feuerten zurück. Und nach wenigen Stunden waren drei Viertel der Flotte des Sultans versenkt. Die Niederlage war so verheerend, dass sie zum Beginn des griechischen Staates wurde.

Die europäischen Mächte suchten nun einen König für Griechenland, aber unter den ansässigen griechischen Familien fanden sie keine, die ihnen zugesagt hätte. Also sollte auf dem neu geschaffenen Thron stattdessen ein Angehöriger eines renommierten europäischen Herrscherhauses Platz nehmen. Im damals von Kleinstaaten zerrissenen Deutschen Reich gab es einige Kandidaten dafür. Erst wurde der Prinz von Hessen gefragt, der lehnte allerdings ab. Der Nächste, der Prinz von Sachsen-Coburg, wollte lieber König von Belgien werden, ebenfalls ein damals neu gegründetes Königreich. Otto, der zweite Sohn von König Ludwig I. von Bayern, sagte schließlich zu und wurde zum ersten König von Griechenland. Da war er gerade 16 Jahre alt. Sein Geburtsort war übrigens Salzburg, es gibt also auch einen kleinen österreichischen Beitrag zur bayerisch-griechischen Geschichte. Die Griechen selbst wurden nicht gefragt, die hatten froh zu sein, dass die Türken weg waren.

Der neue und noch sehr junge König aus dem Haus der Wittelsbacher brachte auch seinen eigenen Regentschaftsrat mit. Das waren lauter Deutsche, die umgehend die Regierungsgeschäfte übernahmen und das Land nach bayerischem Vorbild aufbauten und verwalteten. Auch das neu geschaffene griechische Heer bestand anfangs zum überwiegenden Teil aus bayerischen Söldnern. Und aus Bayern kam eben auch die neue griechische Flagge, in den bayerischen Farben Blau und Weiß. Auf der ersten griechischen Flagge befand sich sogar das bayerische Wappen. Das ist mittlerweile weg, die Farben sind geblieben.

Der neue Thron des Hauses Wittelsbach löste in Bayern eine wahre Griechenlandmanie aus: Ottos Vater, der Bayernkönig Ludwig I., war so begeistert, dass er anordnen ließ, dass Bayern ab sofort mit Ypsilon, dem sogenannten griechischen I, geschrieben werden sollte. Bis dahin hatte es mehr als 1000 Jahre lang Baiern geheißen. Das nunmehr Bayerische mit dem Y hat sich bis heute gehalten.

Schon 1862 war es mit der bayerischen Herrschaft in Griechenland wieder vorbei: Es gab einen Volksaufstand gegen Otto, der daraufhin wieder nach München zurückkehrte. Und die Griechen holten sich einen anderen deutschen Prinzen als König: Georg I. aus dem Hause Schleswig-Holstein-Sonderburg-Glücksburg. Dessen Enkel kennt man übrigens gut: Es war Prinz Philipp, der Ehemann von Königin Elisabeth II., der im Jahr 2021 im Alter von fast 100 Jahren verstorben ist.

Der letzte Kaiser

Traurig und auch sehr bescheiden war der Abschied vom letzten österreichischen Kaiser. Vor allem, wenn man bedenkt, dass es das Ende einer Dynastie bedeutete, die über Jahrhunderte die mächtigste Europas und zeitweise auch der ganzen Welt war. Es gibt Fotografien vom Leichenzug von Kaiser Karl I., der an diesem 1. April 1922 schon mehr als drei Jahre im Exil – man könnte fast sagen: auf der Flucht – war: Zwei Priester gehen vorneweg, ein paar Männer tragen den Sarg, dahinter kommt seine Frau Zita in Vollverschleierung. Im Hintergrund sieht man die Villa Quinta do Monte auf Madeira, das Haus, in dem er gestorben ist.

Karl wurde nur 34 Jahre alt, er starb an einer Lungenentzündung als Folge der Spanischen Grippe. Damit zählte er zu den letzten Opfern dieser Pandemie, die 1922 weitgehend wieder verschwunden war. Zugezogen hatte er sich die Krankheit in der – vermeintlichen – Villa, die eigentlich ein ziemlich heruntergekommenes Ferienhaus in den Bergen oberhalb der madeirischen Hauptstadt Funchal war. Es heißt, sie sei kaum zu heizen gewesen, zugig, feucht und teilweise vermodert. Man hatte ihn mit seiner Frau und sechs ihrer Kinder umsonst dort wohnen lassen, nachdem er sich das Hotel nicht mehr leisten konnte. Denn dort hatte man ihm die letzten Wertsachen gestohlen, Juwelen, die er aus Wien mitgenommen hatte. Das bittere Ende eines unglücklichen Lebens, das mehr Zufälligkeiten geschuldet war als genauer Planung. Denn bei seiner Geburt war noch keine Rede gewesen vom Kaiserthron.

Sein Vater war Erzherzog Otto, ein Neffe von Kaiser Franz Joseph und Bruder des Thronfolgers Franz Ferdinand, Karl selbst wurde im niederösterreichischen Persenbeug geboren und wuchs in der Villa Wartholz in Reichenau an der Rax auf: Ein schönes Anwesen, aber nicht unbedingt Schönbrunn oder Versailles, und die Thronfolge war weit weg. Bei Karls Geburt 1887 war er einer von vielen zweitrangigen Habsburger Erzherzögen. Doch zwei Jahre später beging Kronprinz Rudolf, Franz Josephs einziger Sohn, Selbstmord und hinterließ keine männlichen Erben, Rudolfs Tochter Elisabeth Marie zählte in dieser Hinsicht nicht. Rudolfs Schwestern Gisela und Marie Valerie kamen als Frauen ebenfalls nicht für die Krone infrage, daher war erst Franz Josephs jüngerer Bruder Karl Ludwig und dann dessen Sohn Franz Ferdinand an der Reihe. Doch Letzterer hatte nicht standesgemäß geheiratet, seine Frau war eine „einfache" Gräfin und kein Mitglied des Hochadels, daher war er zwar selbst Thronfolger, die Kinder aus dieser Ehe waren nach dem Habsburgischen Hausgesetz jedoch von der Nachfolge ausgeschlossen. Als Franz Ferdinand 1914 in Sarajewo erschossen wurde, war die Reihe daher an seinem Neffen Karl. Alles familiär sehr kompliziert, aber so waren die Habsburger.

Karl war jedenfalls, nach allem, was man über ihn weiß, kein schlechter Mensch. Wie die meisten Habsburger war er nicht sonderlich gebildet. Er ging zwei Jahre lang auf das Schottengymnasium in Wien, was für Habsburger bereits außergewöhnlich war. Er besuchte sogar ein paar Vorlesungen an der Universität. Aber ansonsten hatte er nur eine Ausbildung zum Kavallerieoffizier. Kaiser Franz Joseph zog ihn auch nie zu Regierungsgeschäften heran – er war ja lange nur der Ersatz-Thronfolger.

Als Franz Joseph im November 1916 starb, wollte Karl als sein Nachfolger rasch Frieden schließen, verhielt sich aber höchst ungeschickt dabei: Er hatte versucht, über seinen Schwager Sixtus von Bourbon-Parma direkten Kontakt mit den Kriegsgegnern herzustellen. In einem Brief schlug er als möglichen Kompromiss die Abgabe des damals deutschen Elsass-Lothringen an Frankreich vor, die Franzosen veröffentlichten dieses Schreiben. Und Karl musste schließlich bei seinem eigenen Verbündeten, dem deutschen Kaiser Wilhelm II., zu Kreuze kriechen und Abbitte leisten. In Wien befürchtete man damals als Folge dieses Vertrauensbruchs, dass man, wenn die Deutschen den Krieg gewännen, Österreich ins Deutsche Reich holen würde – als untergeordnetes Königreich wie Bayern mit den Wittelsbachern. Aber Deutsche und Österreicher verloren den Krieg, und Karl war nicht einmal mehr König unter den Hohenzollern, sondern gar nichts mehr. In Österreich wurde die Republik ausgerufen, Versuche, in Ungarn als Monarch eingesetzt zu werden, scheiterten. Und so blieb nur das Exil, mit Frau und acht Kindern. Erst im Schloss Eckartsau in Niederösterreich, dann in der Schweiz. Und ab November 1921, fünf Monate vor Karls Tod, auf der portugiesischen Insel Madeira.

Seine Frau Zita hat ihn weit überlebt, sie wurde fast 100 Jahre alt und starb 1989. Und ihr Begräbnis war in Wien jenes prunkvolle Staatsbegräbnis, das ihr Mann nie bekommen hat.

Der Abgang der Monarchen

Wer sich eine Landkarte von Europa von vor 200 Jahren ansieht, der findet dort – mit Ausnahme der Schweiz – nur Monarchien. Heute sind sie fast vollständig verschwunden, mit Ausnahme der

Beneluxstaaten, Skandinaviens sowie Großbritanniens und Spaniens. Der Erste Weltkrieg hatte zwar gleich drei Kaiserreiche zerstört, Russland, Deutschland und Österreich-Ungarn, in den meisten anderen Ländern blieben die Könige aber noch eine Zwischenkriegszeit und einen weiteren Krieg lang im Amt.

So musste der letzte italienische König Umberto II. das Land erst im Jahr 1946 verlassen. Anfang Juni hatte es eine Volksabstimmung gegeben, es war die erste Wahl, bei der auch Italiens Frauen wahlberechtigt waren. Das Ergebnis verlief entlang geografischer Grenzen: Norditalien war für die Republik, der Süden für die Monarchie, der Norden hatte die Mehrheit: Insgesamt 54,3 Prozent Ja-Stimmen sorgten dafür, dass Italien seit dem 18. Juni 1946 eine Republik ist. Umberto war zum Zeitpunkt des Referendums noch keine vier Wochen lang König. Sein Vater Viktor Emanuel III. war kurz davor zurückgetreten, er war durch die Zusammenarbeit mit dem Diktator Benito Mussolini diskreditiert gewesen. Mehr als zwei Jahrzehnte hatte er die faschistische Diktatur unterstützt –, das verziehen ihm die Italiener nicht. Der letzte Kronprinz Italiens hieß ebenfalls Viktor Emanuel, und auch er sorgte wiederholt für negative Schlagzeilen: 1978 erschoss er irrtümlich einen deutschen Touristen. 2006 wurde er wegen Korruption, Fälschung und Ausbeutung von Prostituierten in Haft genommen, vier Jahre später allerdings freigesprochen. 2007 wollte er vom italienischen Staat 260 Millionen Schadenersatz einklagen, für den Verlust des Königshauses. Und 2022 folgte eine Klage auf Herausgabe der Thronjuwelen – 2000 Perlen und gezählte 6732 Brillanten, die Umberto bei seinem Gang ins Exil in Rom zurückgelassen hatte.

Doch die Zusammenarbeit mit faschistischen Regimes während des Zweiten Weltkriegs kostete nicht nur den italienischen König den Thron, sie war auch das Ende für Monarchien am Balkan. Das Königreich Bulgarien wurde 1946 aufgelöst und das Königreich Rumänien 1947. Das Königreich Jugoslawien ging 1945 auch formal unter, König Peter II. hatte das Land aber bereits beim deutschen Einmarsch 1941 verlassen und war nach London ins Exil gegangen.

Ungarn war ebenfalls bis 1. Februar 1946 formell eine Monarchie, allerdings eine ohne König und ohne Königsfamilie. Ex-Kaiser Karl I. hatte es sich mit den Ungarn durch mehrere gescheiterte Restitutionsversuche verscherzt, die Habsburger wollte man nicht mehr. Ein Königreich ohne Herrscherhaus blieb man aber, mit einem sogenannten Reichsverweser als Staatsoberhaupt, bis zur Machtübernahme durch die Kommunisten nach dem Zweiten Weltkrieg. Das Königreich Griechenland gab es bis 1973, da war Griechenland aber schon seit sechs Jahren eine Militärdiktatur und der griechische König ebenso lange im Exil.

Die Abschaffung der Monarchie in Bulgarien hatte ein Nachspiel in der Zeit nach dem Fall des Eisernen Vorhangs. Der Zar von Bulgarien, so lautete der offizielle Titel, war der bei seiner Ablöse erst sechsjährige Simeon aus dem deutschen Fürstenhaus von Sachsen-Coburg und Gotha. Simeon ging umgehend ins Exil und kehrte erst 1996, sechs Jahre nach dem Sturz des KP-Regimes, zurück. Im Jahr 2001, und damit 55 Jahre nach seiner Absetzung, wurde er für vier Jahre Premierminister von Bulgarien. Sein Name als Regierungschef war ganz bürgerlich: Simeon Sakskoburggotski.

Eine solche Rückkehr eines Monarchen an die Staatsspitze blieb aber die große Ausnahme. Das schafften sonst nur die spanischen Bourbonen: Nachdem Spanien bereits Republik war, setzte Diktator Franco nach dem gewonnenen Bürgerkrieg den König wieder ein und machte ihn 1975 zu seinem Nachfolger als Staatsoberhaupt. Mittlerweile hat Juan Carlos aber durch private Eskapaden und Korruption einiges dazu beigetragen, dass die Monarchie in Spanien wieder infrage gestellt wird.

Diana, für immer jung

Manche Menschen kann man sich gar nicht alt vorstellen. James Dean im Pflegeheim? Marilyn Monroe am Rollator? Jimmy Hendrix mit Glatze? Undenkbar. Bei Letzterem war es sein Tod mit 27 Jahren, der das Bild des ewig jungen Rockstars konservierte, wie bei Janis Joplin, Jim Morrison, Kurt Cobain oder zuletzt Amy Winehouse. Alles Frühvollendete, die mit 27 Jahren von uns gegangen sind.

Diana Spencer wurde ein wenig älter. Sie war gerade 36 geworden, als sie in diesem Straßentunnel in Paris starb. Und so blieb sie in Erinnerung: jung und strahlend. Im Juli 2021 wäre sie 60 Jahre alt geworden, im Pensionsalter sozusagen. Eine grauhaarige Diana, immer noch sportlich, im Trainingsanzug und mit Nordic-Walking-Stöcken? Auch das Bild ist unvorstellbar. Denn Dianas zentrale Bedeutung war und ist die einer Projektionsfläche, auf der Menschen erst ein Märchen – *Plötzlich Prinzessin* – und dann ein Drama zu sehen bekamen. Sowohl ihr Glück als auch ihr Unglück waren nicht von dieser Welt. Und beides war fürs Publikum stets verfügbar, Diana sei die meistfotografierte Frau der Welt, hieß es in den 1990ern. Jedes Bild war eine sorgsame Inszenierung von Jugend und Schönheit. Nicht alles bildete Wirklichkeit ab.

Das begann schon beim Umstand, dass der Name „Lady Diana", unter dem sie zur weltweiten Ikone wurde, jener war, den sie offiziell am kürzesten getragen hat. Lady war sie nämlich nur sechs

Jahre lang: Sie wurde in die britische Hocharistokratie hineinge-
boren, ihr Vater Edward Spencer war bei ihrer Geburt *Viscount*,
übersetzt Vizegraf. Die Kinder eines Viscount tragen den Titel
Honourable, also Ehrenwerter. Diana hieß also The Honourable
Diana Frances Spencer, das klingt nicht schlecht für ein Baby oder
Kleinkind. Eine Lady war Diana zu diesem Zeitpunkt aber noch
nicht. Erst als sie 14 wurde, starb der Großvater und ihr Vater
wurde Earl, also Graf. Von da weg hieß sie in der Tat Lady Diana,
bis sie mit 20 heiratete. Ab dann war sie die Princess of Wales.
Das blieb sie bis zu ihrem Tod, allerdings war sie im letzten Jahr,
nach der Scheidung von Prinz Charles, keine *Royal Highness*
mehr, also keine königliche Hoheit. Diesen Titel hatte ihr die
Queen entzogen.

Diese aristokratischen Feinheiten waren für die britische Gesellschaft absolut wichtig. Königliche Hochzeiten waren Regie-
rungsangelegenheiten, und die Regeln waren streng. Viele sehen
in der Hochzeit von Diana und Charles einen letzten Versuch
des Königshauses, die aristokratische Klassengesellschaft zu ver-
ankern: eine Braut aus hochadeligem Haus, protestantisch, nicht
geschieden – und Jungfrau. Diese Punkte mussten stimmen, um
Charles' Zukünftige zu werden. Bei Diana passte alles perfekt, sie
war die Idealbesetzung für diese Rolle. Umso bedeutsamer war
ihr Ausbruch aus diesem Käfig an Konventionen.

Nach ihrem Tod bezeichnete sie der damalige britische Pre-
mier Tony Blair als *the people's princess*, also Prinzessin des Volkes. Man nannte sie auch „Prinzessin der Herzen". Das hat einerseits mit dem Märchen zu tun, das Dianas Leben zumindest nach
außen bot. Andererseits aber auch mit dem, was sie gegen alle
Erwartungen und gegen alle Traditionen unternommen hat: der
Einsatz für AIDS-Kranke etwa, und damit für Menschen, die zur
damaligen Zeit durch ihre Krankheit gesellschaftlich stigmatisiert

waren. Oder ihre Reisen in Kriegsgebiete, um gegen den Einsatz von Landminen zu protestieren. Vieles in der öffentlichen Wahrnehmung von Diana widersprach dem, was man eigentlich von den Royals erwartet. Und die Bilder von ihrem frühen Tod haben diese Mischung aus Star und Outcast noch intensiviert. Die berühmten Aufnahmen nach dem Unfall in Paris vom Blumenmeer vor ihrem Wohnsitz in London im Kensington-Palast zeigen das noch heute. Das war ein Ausdruck der Trauer. Aber es war auch Ausdruck des Protests gegen eine Königsfamilie, die in den Augen der Briten Diana verstoßen, die nicht angemessen auf ihren Tod reagiert hatte, die auf die Menschen kalt und fern wirkte.

Angeblich auf Druck von Tony Blair legte die königliche Familie dann eine Kehrtwende ein. Man trauerte öffentlich und ging zum Blumenmeer. Das Begräbnis war eines nach Hofzeremoniell, samt Verbeugung der Queen vor dem Sarg. Blair soll ihr gesagt haben, die Monarchie sei sonst in Gefahr. Und er hat damit wohl recht gehabt: Nach Dianas Tod lag die Zustimmung der Briten zum Königshaus nur mehr bei 45 Prozent. Heute, 25 Jahre später, sind 70 Prozent der Briten für den Fortbestand der Monarchie.

Inzwischen hat sogar die Queen einen Instagram-Account für die Veröffentlichung von Bildern aus ihrem „privaten" Leben. In den 1990ern hätte sie das sicher als *shocking* empfunden.

Die Queen, wahrscheinlich eine Monarchistin

Es gibt wenige Menschen, über deren politische Einstellung so wenig bekannt ist wie über die der Queen. Das englische Königshaus ist zu strikter politischer Enthaltung verpflichtet. Die Rede, die zur jährlichen Parlamentseröffnung gehalten wird, wird zwar von der Königin verlesen, jedes Wort darin stammt jedoch vom Premierminister. Und schon die Traditionen rund um diesen Auftritt zeigen, wie – historisch gesehen – heikel das Verhältnis zwischen Monarchin und Parlament ist: Fährt die Queen ins Parlament, begibt sich der Fraktionschef der Regierungspartei in den Buckingham-Palast, als „Geisel", um die Rückkehr der Königin in ihr eigenes Heim sicherzustellen. Die Keller des Parlaments werden zuvor auf das Vorhandensein von Pulverfässern durchsucht – ausgerechnet mit Fackeln übrigens, die Tradition will es so. Das nimmt Bezug auf den sogenannten *Gunpowder Plot*, ein gescheitertes Attentat auf König und Parlament: 1605 hatte Guy Fawkes, ein Katholik, versucht, den protestantischen König und die Abgeordneten mit Fässern voller Schießpulver in den Parlamentskellern in die Luft zu sprengen.

Ist die Königin im Parlament, spricht sie im House of Lords, im Oberhaus. Regierung und Unterhausabgeordnete werden dazu eingeladen. Sobald der Emissär der Königin jedoch zum Saal des Unterhauses kommt, werden ihm die Türen vor der Nase zugeschlagen. Er muss anklopfen und höflich um die Teilnahme an der Rede bitten. Eine kleine Abordnung von Regierungsmitgliedern und Abgeordneten zieht dann über die Parlamentskorridore zum Oberhaus, um sich dort – stehend – die Rede anzuhören. All das ist jahrhundertealte Tradition. Und ebenso traditionell ist das royale Schweigegebot in Sachen Politik. Man kann nur eines getrost annehmen: Die Königin ist wohl Monarchistin.

Und sie hat allen Grund dazu: Weltweit gibt es noch 43 Monarchien, und in einem Drittel davon regiert Königin Elisabeth II., von Kanada bis Australien. Wobei sie anfangs sogar in der Hälfte aller noch bestehenden Monarchien Königin war. Doch in 17 Ländern musste sie bereits als Staatsoberhaupt zurücktreten, von Mauritius und Malawi bis Malta, zuletzt in Barbados. Diese

Länder beschlossen, Republiken zu werden. Dafür ist die Queen aber zusätzlich noch Lord of Man, also Staatsoberhaupt der Isle of Man in der Irischen See, und Herzog – also *Duke* – of Normandy, Herrin der britischen Kanalinseln vor Frankreichs Küste. Beide Territorien gehören nicht zum Vereinigten Königreich, sondern sind Kronbesitzungen, gehören also der Königin selbst. Und noch ein Titel kommt dazu, nämlich *Defender of the Faith*, Verteidigerin des Glaubens. Elisabeth ist zwar auch das Oberhaupt der anglikanischen Kirche, doch der Titel kommt ursprünglich nicht aus dieser Funktion, sondern paradoxerweise vom Papst. Leo X. hatte ihn 1521 Heinrich VIII. verliehen, dem damaligen englischen König, weil der so standfest gegenüber den Protestanten war. Allerdings nur so lange, bis Heinrich sich scheiden lassen wollte und der Vatikan es nicht erlaubte. Denn Papst war inzwischen Clemens VII., ebenso wie Leo X. ein Medici-Papst, und deren politische Linie war volatil. Clemens starb zwar Ende 1534, vergiftet durch ein Mahl mit Knollenblätterpilzen, aber da hatte Heinrich VIII. schon die Gründung seiner eigenen protestantischen Staatskirche, der *Church of England*, in die Wege geleitet. Und deren Chef war dann nicht mehr der Papst, sondern er selbst und seine Nachfahren. Den vatikanischen Ehrentitel behielt man aber. Auch die heutige Queen, Elisabeth II., trägt ihn noch, obwohl sie mit Heinrich VIII. nicht einmal verwandt ist.

Sein Herrschergeschlecht, die Tudors, sind mit Elisabeth I., Heinrichs Tochter, ausgestorben. Es folgten die Stuarts, die dann 1714 von einem deutschen Adelsgeschlecht, dem Haus Hannover, abgelöst wurden. Von dieser hannoveranischen Linie stammt auch die heutige Königin ab. Nachdem Königin Viktoria, die ewige britische Regentin des 19. Jahrhunderts, ebenfalls einen Deutschen geheiratet hatte, Albert aus der deutschen Fürstenfamilie

Sachsen-Coburg und Gotha, hieß das britische Königshaus nach ihrem Tod allerdings so: Sachsen-Coburg und Gotha. Im Ersten Weltkrieg klang das allzu deutsch und daher nicht gut, und man benannte sich in Windsor um. Als die heutige Königin ihren Prinzgemahl Philipp 1947 heiratete, wollte der der Dynastie daher auch seinen Namen geben: Mountbatten, das war die anglisierte Form des ebenfalls deutschen Adelshauses Battenberg. Er scheiterte damit, denn so kurz nach dem Zweiten Weltkrieg war eine weitere Verbindung ins Land des Kriegsgegners Deutschland nicht opportun. Allerdings heißen seit 1960 alle Nachkommen Elisabeths offiziell Mountbatten-Windsor, außer sie tragen ihren offiziellen Titel, also Duke oder Duchess of Sussex oder Cambridge. Kling kompliziert, ist es auch.

KAPITEL 4:

EINE KRANKHEIT UND EIN KRIEG – WAS UNSER GEWOHNTES LEBEN IN FRAGE STELLT

Wir leben in einer Welt der unentwegten Superlative. Vieles ist größer, schneller, aber auch schrecklicher als alles, was vorangegangen ist. Jede Krise ist eine noch nie da gewesene, bis sie von der nächsten abgelöst wird. In der Tat steht die Welt derzeit vor einer ganzen Reihe von Herausforderungen. Die Coronapandemie hat die Verwundbarkeit einer globalisierten Gesellschaft noch deutlicher gemacht. Fernreisen sind für viele eine Selbstverständlichkeit geworden, weltweite Warenströme zeigen ein unentwegtes Suchen nach noch günstigeren Quellen und noch mehr Effizienz. Und dann steht auf einmal alles still. Oder man hat sich über Jahrzehnte daran gewöhnt, dass Kriege nur weit weg stattfinden, dass die Friedensordnung in Europa unerschütterlich ist. Weil auch allen bewusst ist, dass kriegerische Auseinandersetzungen schlecht für die Wirtschaft und den Wohlstand sind. Und dann lässt der russische Präsident ein Nachbarland überfallen. Dazu kommt der Klimawandel, für den jeder ein Lippenbekenntnis überhat, aber wenig mehr. Die Migrationsbewegungen aus dem globalen Süden, wo Überbevölkerung mit Gewalt, fehlender sozialer Sicherheit und der Korruption lokaler Eliten zusammentrifft. Zusätzlich findet ein technologischer Wandel statt, der im Berufsleben keinen Stein auf dem anderen lässt. Wenn man sich derzeit also ein wenig unsicher fühlt, so ist das völlig verständlich.

Ein Blick in die Geschichte lehrt aber auch hier. Zwar nicht immer, dass die Menschheit aus allen Prüfungen klüger hervorgeht. Aber wenigstens, dass sie bisher alles überlebt hat. Und dass es wenig aktuelle Debatten gibt, die nicht früher auch schon geführt wurden. Die Impfdebatte etwa. Die Diskussion um die Coronaimpfung hat gezeigt, dass es immer einen erheblichen Teil der Bevölkerung gibt, der sich von keiner wissenschaftlichen Expertise überzeugen lässt. Die Größe dieses Anteils schwankt von Land zu Land, aber rund 20 Prozent sind es fast überall, die sich um nichts auf der Welt etwas spritzen lassen wollen, auch wenn es ihnen helfen könnte. Deutlich mehr Impfgegner gibt es in jenen Ländern, in denen die Obrigkeit besonders wenig Vertrauen genießt, und das oft zu Recht. In Rumänien waren Mitte 2022 nur etwa 42 Prozent der Menschen gegen Corona geimpft, in Bulgarien knapp 30 Prozent. Wer das dortige politische System kennt, versteht auch das generelle Misstrauen.

Eine historische Parallele findet man auch in der österreichischen Historie: Der Tiroler Freiheitskampf unter Andreas Hofer ist eine Geschichte, die sowohl in den Alpentälern als auch im kaiserlichen Wien mit besonderem Stolz erzählt wird. Der Aufstand der Tiroler Mander gegen die Übermacht der fremden Besatzer hatte ja auch alle Ingredienzien eines romantischen Dramas, samt Hinrichtung des Freiheitshelden im italienischen Mantua. Dazu die Kaisertreue, die am Hof in Wien die Herzen höherschlagen ließ. Dass dahinter aber – auch – ein Konflikt um die Pockenimpfung stand, war rasch vergessen. Napoleon Bonaparte hatte Europa damals nicht nur Ideen einer gewissen bürgerlichen Freiheit und eines Rechtsstaates gebracht, sondern auch medizinische Vorschriften. Der Kaiser der Franzosen bestand darauf, dass sein Volk mit der damals neuen Pockenimpfung behandelt wurde. Und die Völker seiner Verbündeten auch, schließlich brauchte man gesunde Untertanen und auch ausreichend Soldaten. Das Königreich Bayern, von Napoleon mit der Herrschaft über Tirol versehen, wollte diese Vorschrift in den neu dazugewonnenen Landesteilen auch umgehend umsetzen. Das war der Tropfen, der das Fass endgültig zum Überlaufen brachte: Man bekäme jetzt mit dieser neuartigen Methode den Protestantismus eingeimpft, lautete die Angst im heiligen Land Tirol. Und man setzte die Tiroler Schützen gegen die bayerischen Spritzen ein. Der Aufstand des Andreas Hofer wurde zwar niedergeschlagen, das napo-

leonische Impfprogramm wurde danach in Tirol aber nicht mehr
umgesetzt.

Corona 1 – Von Pest und Cholera

Was die Pest und Covid-19 verbindet, ist, dass man bei beiden
Seuchen ziemlich genau weiß, wann und wo sie zum ersten Mal
aufgetreten sind. Bei Covid-19 war es das Jahr 2019, und der
höchstwahrscheinlich erste Ort des Auftretens war der Wildtier-
markt der chinesischen Großstadt Wuhan. Bei der Pest war es das
Jahr 1346, und der Hintergrund der Einschleppung war ein Krieg
auf der Halbinsel Krim im Schwarzen Meer. Dort betrieb die Republik Genua eine Handelsstadt namens Kaffa, die damals von
der mongolischen Goldenen Horde belagert wurde. Das war eines jener Reiche, die sich nach dem Tod von Dschingis Khan gebildet hatten. Als die Belagerung zu scheitern drohte, weil sich in
den Reihen der Angreifer die neue Seuche ausbreitete, ließen die
Belagerer ihre Toten per Katapult in die befestigte Stadt schleu-
dern. Ein mittelalterliches Beispiel biologischer Kriegsführung.
   Diese Schwarze Pest oder Beulenpest war davor schon in China beschrieben worden, pestähnliche Seuchen hatten sich seit der
Spätantike immer wieder im Bereich zwischen Europa und Asien
verbreitet. Doch die Krankheit des Jahres 1346 war tödlicher als
alle davor. Und sie war bei Weitem ansteckender. Allein auf der
Krim soll es damals 85.000 Pesttote gegeben haben, das Reich
der Goldenen Horde ging kurze Zeit danach unter. Die Genueser
flüchteten nach dem Pestausbruch in der Stadt rasch mit ihren
Schiffen. Und weil sie fast überall in der damals bekannten Welt
Handelsstationen hatten, verbreitete sich die Krankheit binnen

eines Jahres in fast ganz Europa – eine frühe Form von Globalisierung und ihren Folgen.

Die Pest trug nicht umsonst rasch den Namen „der schwarze Tod": War eine Stadt oder ein Land von ihr betroffen, dann starb für gewöhnlich ein Drittel der Bevölkerung daran. Sie trat in Wellen auf, meist kam sie alle paar Jahrzehnte wieder, sobald wieder genügend Menschen lebten, die nicht schon durch eine frühere Infektion immun waren. Die genauesten Zahlen dazu stammen aus England, denn dort waren schon im Mittelalter exakte Volkszählungen durchgeführt worden. So weiß man heute, dass die englische Bevölkerung im Jahr 1500 nur mehr 40 Prozent jener Zahl vor dem Jahr 1350, also vor dem Ankommen der Pest, betrug. Hier waren Städte geschrumpft, Dörfer verlassen und ganze Landstriche entvölkert worden. England hatte erst im Jahr 1750 wieder so viele Einwohner wie 1350, wie 400 Jahre zuvor. Das 18. Jahrhundert war übrigens auch jene Zeit, in der die letzten großen Pestausbrüche in Europa stattfanden. Heute ist die Pest weitgehend ausgerottet, aber noch nicht vollständig verschwunden. Auf Madagaskar gab es etwa im Jahr 2020 einen lokalen Ausbruch mit 200 Toten.

In Europa kam nach der Pest die Cholera. Die rasch wachsenden Städte und Industriezentren mit ihren schlechten Wohn- und Hygienebedingungen führten im 19. Jahrhundert zu großen Choleraepidemien. In Wien starben 1831 bei einer ersten Epidemie mehr als 2000 Menschen. 1866 waren es über 4000. Der Grund war meistens verunreinigtes Trinkwasser. Mit dem Bau der ersten Wiener Hochquellenleitung bekam man das Problem zumindest halbwegs in den Griff. Zu Cholerafällen kam es aber auch danach immer noch dort, wo viele Menschen auf engem Raum zusammenleben mussten. In den Kriegsgefangenenlagern des Ersten Weltkriegs war der Tod durch die Cholera weitverbreitet. Bis gegen Ende des Krieges eine neue Pandemie auftrat: die Spanische Grippe.

Erstmals wurde sie 1917 in den USA registriert, in Militärcamps, in denen junge Amerikaner für den Einsatz im Ersten Weltkrieg ausgebildet wurden. Mit dem Kampfeinsatz der amerikanischen Soldaten kam sie auch auf die europäischen Schlachtfelder. Spanische Grippe nannte man sie, weil Spanien damals ein neutraler Staat ohne Kriegszensur der Presse war und die spanischen Zeitungen daher als einzige frei über die Krankheit berichten konnten. So entstand der Eindruck einer „spanischen" Grippe. Aber sie war weltweit verbreitet, in drei Wellen bis 1920 verursachte sie bis zu 50 Millionen Todesopfer, mehr als der Krieg selbst. Aus dem gefürchteten Erreger der Spanischen Grippe wurde dann die immer noch gefährliche „echte" Grippe, die auch heute noch jedes Jahr in neuen Mutationen um die Welt geht. Zwischen fünf und 15 Prozent der Weltbevölkerung erkranken daran. Und rund eine halbe Million Menschen sterben daran, auch in sogenannten „normalen" Grippejahren.

Die letzte Pandemie vor Covid war Aids. Mehr als 30 Millionen Tote gibt es bis heute, vor allem im südlichen Afrika. Aids ist eine Pandemie, die nur dank erfolgreicher Behandlungsmethoden in den meisten Ländern gut im Griff scheint. Aber eine Impfung dagegen gibt es, im Gegensatz zu Covid-19, immer noch nicht.

Corona 2 – Wie eine Impfung dazu führte, dass die Queen in Kanada Königin ist

Krankheiten haben Dynastien ausgelöscht. Epidemien haben die Welt verändert. Aber auch Impfkampagnen haben Geschichte gemacht.

Die Anfänge von Impfungen gibt es schon vor rund tausend Jahren. In Zentralasien hatte man damals eine neue Behandlung gegen Pocken entdeckt. Es war die sogenannte Variolation – und die hatte noch wenig mit unseren heutigen Spritzen und Nadeln zu tun. Mit einem kleinen Messer wurden dafür die Pockenpusteln von Erkrankten aufgeschnitten, und mit demselben Messer wurden dann die zu Impfenden am Arm oder am Bein geritzt. Das war eine Methode, um bei Gesunden eine Immunreaktion auszulösen, eine Vorform des Lebendimpfstoffes. Es klingt wenig ansprechend, aber es funktionierte: Während sonst jeder Siebte an Pocken Erkrankte starb, war es nur jeder Fünfzigste von denen, die auf diese Art geschützt waren.

Rund um das Jahr 1700 wurde diese Impfmethode gegen die gefürchteten Pocken dann auch in der Türkei bekannt. Von dort gelangte das Wissen nach Europa, wobei die ersten Pockenimpfungen eine Behandlung für die Oberschicht waren: Königliche Familien wurden zuerst geimpft. König George III. von England etwa ließ seine Familie impfen, Maria Theresia die ihre auch, nachdem eine ihrer Töchter an Pocken gestorben war. Der preußische König hingegen erlebte einen Rückschlag: Jener Staatsrat, der die Idee der Impfung voranbringen wollte, ließ seine zwei Kinder impfen. Beide starben. Die damalige Methode der Impfung mit Lebendviren war eben nicht ungefährlich.

Doch Englands König George III. ging noch weiter: Er ließ nicht nur seine Kinder impfen, sondern auch seine Soldaten. Und das sollte im amerikanischen Unabhängigkeitskrieg eine entscheidende Rolle spielen. Denn die amerikanischen Truppen von George Washington waren zwar recht erfolgreich am Schlachtfeld, aber allesamt ungeimpft. Als sie 1776 in Richtung der nördlich gelegenen englischen Kolonien vordrangen, ins heutige Kanada, brach eine Pockenepidemie aus – und der Angriff zusammen.

Washington ließ dann sehr rasch seine Soldaten nachimpfen, er gewann auch den Unabhängigkeitskrieg. Nach Kanada ließ er seinen Truppen aber nicht mehr marschieren, der Norden des amerikanischen Kontinents blieb britisch. Dort ist bis heute die Queen das Staatsoberhaupt. Auch das ist eine Folge der Pockenimpfung.

In Europa gab es ab dem Jahr 1800 breit angelegte Impfkampagnen gegen Pocken. Und sehr rasch gab es auch viele Menschen, die dagegen waren. Was auch damit zusammenhing, dass man von der nicht ungefährlichen Variolation mit menschlichem Pockensekret zur Impfung mit dem viel weniger gefährlichen Kuhpockenvirus überging. Der lateinische Name der Kuh lautet *vacca* – daher stammt der Begriff Vakzination, Englisch *vaccination*. Doch die Idee, dass Menschen „Kuhserum" verabreicht wird, war vielen eben nicht geheuer. So dauerte es auch bis 1978, bis die Pocken endgültig ausgerottet waren. In den Jahrhunderten davor waren in Europa jedes Jahr ungefähr eine halbe Million Menschen daran gestorben, etwa zehn Prozent aller Kinder überlebten die Infektionskrankheit nicht.

Gegen Ende des 19. und Anfang des 20. Jahrhunderts kamen dann die anderen großen Impfungen auf. Zuerst gegen Tollwut, Typhus und Cholera, in den 1920er-Jahren dann auch gegen Tuberkulose, Diphterie, Tetanus und Keuchhusten. In den 1950er-Jahren wurde die Polioimpfung gegen Kinderlähmung entwickelt, eine Schluckimpfung, an die sich viele noch erinnern. Polio wurde dadurch übrigens auch fast ausgerottet, zumindest in Europa.

Insgesamt gibt es mittlerweile Impfungen gegen 27 Krankheiten, die Coronaimpfung ist die 28ste. Mit den neuen Impfungen entwickelte sich aber auch eine organisierte Impfgegnerschaft. Schon Ende des 19. Jahrhunderts war es eine Kampagne aus konservativen und nationalen Kreisen gegen (großteils) jüdische

Ärzte, denen „Volkszersetzung" durch die Einbringung körperfremder Substanzen vorgeworfen wurde. Es war ein Spielfeld des Antisemitismus. Das ist es heute nicht mehr, dennoch haben in Deutschland und Österreich rund 20 Prozent der Bevölkerung „Vorbehalte" gegen Impfungen, fünf Prozent lehnen sie völlig ab. Das sind Zahlen, die auch mit den Corona-Impfverweigerern übereinstimmen. Die Begründung dafür ist oft, dass Impfungen angeblich Allergien oder sogar Autismus auslösen könnten, für diese Befürchtungen gibt es allerdings keine wissenschaftliche Grundlage. Ein Blick in die Vergangenheit zeigt sogar viele Gegenbeweise. In der DDR gab es etwa bis zum Fall der Mauer eine strenge Impfpflicht, in Westdeutschland nicht. Dennoch leiden Ostdeutsche viel weniger unter Allergien als Westdeutsche. Eine durchaus imposante Zahl zeigt auch den Erfolg der Masernimpfung: Als sie 1963 in den USA eingeführt wurde, ging die Zahl der an Masern Erkrankten – und Toten – um 99 Prozent zurück.

Corona 3 – Gesunde und kranke Kassen

Man kann der Meinung sein, dass Gesundheit Privatsache ist. Und über viele Jahrhunderte hinweg war sie das auch. Wer im Mittelalter krank wurde, hatte die Möglichkeit, althergebrachte Hausmittel zu nutzen. Oder man betete um Genesung – auf der Rückseite des Wiener Stephansdoms steht etwa die Statue des „Zahnwehherrgotts", dem eine besondere Wirkung in diesem Fachbereich nachgesagt wurde. Oder man ging zum Arzt, und da gab es zwei Arten: einerseits die studierten, die sogenannten Buchärzte, die während der gesamten Zeit ihrer Ausbildung keinen durch Obduktion geöffneten Körper gesehen hatten. Und andererseits die „Bader" und Wundärzte, damals ein Lehrberuf, der eng verwandt war mit den Barbieren und Haarschneidern, die in der sozialen Struktur der mittelalterlichen Stadt recht weit unten angesiedelt waren. Eine Verbindung dieser beiden medizinischen Zweige, des universitär ausgebildeten Arztes und des eine Lehre durchlaufenden *Chirurgus,* gelang erst unter Joseph II., dem an einer ordentlichen Ausbildung seiner Militärärzte gelegen war und der daher beide ärztlichen Laufbahnen zusammenzwang.

Aber immer noch galt die Gesundheit als privates Glück und die Krankheit eben als privates Pech. Es gab Orden, die Siechenhäuser betrieben, aufgeklärte Monarchen ließen auch allgemeine Krankenhäuser errichten, doch es ging mehr um Wohltätigkeit als um ein Recht.

Das weltweit erste Krankenversicherungssystem wurde 1883 in Deutschland eingeführt, von Otto von Bismarck. Dem ersten Reichskanzler des Deutschen Reiches und zutiefst konservativen Adeligen hätte man einen solchen Schritt nicht zugetraut, doch der von ihm forcierte Aufstieg Deutschlands zu einer industriellen Großmacht verlangte gesunde Arbeiter und eine gesicherte Finanzierung. Die meisten anderen europäischen Länder zogen nach. In Österreich war es 1889 so weit, seit 1956 sind alle heimischen Sozialversicherungen im ASVG, dem Allgemeinen Sozialversicherungsgesetz, zusammengefasst. Es ist das wohl am meisten reformierte Gesetz Österreichs: Bis ins Jahr 2007 hat man alle entsprechenden Novellen durchnummeriert (es waren 68 Novellen in 50 Jahren), dann hat man die Zählung aufgegeben. Doch das Gesundheitssystem ist in Österreich immer noch recht vorzeigbar. Zwar gibt es seit Jahren eine Debatte um die sogenannte Zwei-Klassen-Medizin, denn Privatversicherte bekommen einen rascheren und bequemeren Zugang ins System, derzeit haben etwas mehr als drei Millionen Österreicher eine solche Zusatzversicherung. Aber auch die Versorgung der anderen ist im internationalen Vergleich gut. In einer Studie, in der die Systeme von 195 Ländern verglichen wurden, kam Österreich zuletzt auf Platz 13. Bei der Versorgung mit Intensivbetten – ein wichtiger Faktor in der Coronapandemie – liegt es im internationalen Vergleich sogar auf Platz 2.

Rund zehn Prozent der österreichischen Wirtschaftsleistung gehen ins Gesundheitssystem, das ist ein Wert im europäischen Spitzenfeld. Deutlich vorne liegen in dieser Rechnung die USA mit 18 Prozent. Allerdings mit erschreckend schlechten Ergebnissen: So gibt es in den USA nur etwa halb so viele Ärzte je 1000 Einwohner wie in Österreich und nur etwa ein Drittel der Spitalsbetten. Die Medikamentenkosten dagegen liegen beim Doppelten des europäischen Niveaus. Und ein großer Teil der Aufwendungen fürs Gesundheitssystem gehen für das Abschließen von Versicherungen gegen Kunstfehlerprozesse drauf. Das amerikanische Rechtssystem mit seinen manchmal astronomischen Schadensersatzurteilen trägt damit ebenso dazu bei, dass medizinische Leistungen überdurchschnittlich teuer werden, wie das Fehlen einer alle Menschen umfassenden staatlichen Krankenversicherung. Wenn nur der Markt die Preise macht, dann steigen sie.

Ukrainekrieg 1 – Ukraine oder „Kleinrussland"?

Geschichte ist manchmal ein etwas staubiger Unterrichtsgegenstand, man lernt: „Drei-drei-drei, bei Issos Keilerei", und alles ist weit, weit weg. Und dann ist Geschichte wieder etwas voller Blut und Leben, und das ist nicht nur metaphorisch gemeint. In der Ukraine wird Blut vergossen, auch für Geschichtsbilder, auch für historisch begründete Machtansprüche.

Der Bereich zwischen Russland, Deutschland und Österreich war über Jahrhunderte einer ohne beständige Grenzen und stabile Staatlichkeiten. Vor 100 Jahren ist dafür der Begriff „Zwischeneuropa" geprägt worden. Schon in diesem Ausdruck zeigt sich die Problematik: Dort befinden sich Länder, die zwischen größeren Mächten liegen, auch zwischen unterschiedlichen Demokratieverständnissen und Herrschaftsverhältnissen. Und zwischen unterschiedlichen Geschichtsauffassungen. Das zeigt sich aktuell auch im Ukrainekrieg. Für Wladimir Putin ist die Ukraine nichts anderes als ein Vorfeld Russlands. Der Name Ukraine kommt vom slawischen Ausdruck u Krajina für „an der Grenze", Krajina bezeichnet immer eine Grenzregion. Auch die Krain in Slowenien, aus der die Volksmusik der Oberkrainer kommt und die Wurst mit dem Käse drinnen, leitet sich von einer frühmittelalterlichen Grenzmark ab. Putin nimmt diese Begrifflichkeit wörtlich, und er spricht der Ukraine damit die eigene Staatlichkeit ab. Wobei die Frage der Bildung der ukrainischen Nation in der Tat komplex ist.

Bei der Frage nach der Entstehung von Nationen und Staaten muss man in dieser Region weit in die Vergangenheit zurückgehen. Dann landet man in der Zeit der Völkerwanderung, als dieses „Zwischeneuropa" ein Durchzugsgebiet von Goten und Teutonen, Awaren und Magyaren bis zur mongolischen Goldenen Horde war. Erst Ende des 14. Jahrhunderts etablierten sich stabile Staaten in dieser Weltgegend. Putin – und viele Russen – beziehen sich in ihrer Wahrnehmung auf die sogenannte Kiewer Rus als „Keimzelle" Russlands. Das war in den Wirren der Völkerwanderung das erste Großreich in diesem Gebiet, und seine Hauptstadt war Kiew, die heutige Hauptstadt der Ukraine. Allerdings war die Kiewer

Rus eine Gründung von Wikingern. Diese aus Skandinavien stammenden Eroberer und Händler hatten von der Ostsee bis zum Schwarzen Meer Handelsstädte gegründet, darunter eben auch Kiew. Der erste Fürst war ein gewisser Rjurik. Ein Wikinger, der zwar mehr eine sagenhafte Gestalt war, aber mit nachweisbaren Bezügen zu Dänemark und Friesland. Dieser Rjurik begründete das Herrschergeschlecht der Rurikiden, die dem von ihnen beherrschten Reich auch den Namen Rus gaben. Und aus diesem entwickelte sich später der Name Russland. Genau genommen also aus einer Wikingerdynastie vor mehr als tausend Jahren.

Das bedeutet natürlich nicht, dass die Russen eigentlich Wikinger sind. Aber der erste Staat rund um Kiew war eine Wikingergründung. Die Kiewer Rus ging im frühen 13. Jahrhundert im sogenannten Mongolensturm unter, in den folgenden Jahrhunderten kamen immer größere Teile der Ukraine in den Herrschaftsbereich des Königreichs Polen-Litauen. Dem wurde durch die polnischen Teilungen Ende des 18. Jahrhunderts ein Ende gesetzt. Die drei großen Nachbarstaaten Russland, Preußen und Österreich bedienten sich am Nachlass, die Westukraine mit Lemberg und Tschernowitz kam zur k.k.-Monarchie. Die Menschen wurden nun Ruthenen genannt, ein Begriff, hinter dem sich wieder die Rus versteckt und damit die Russen, aber auch Rjurik, der Wikinger.

Mit dem aufstrebenden Nationalismus im 19. Jahrhundert entwickelte sich ein großrussisches Denken. In diesem bestand das russische Volk aus Großrussen und Kleinrussen, das waren die Weißrussen und die Ukrainer. Diesem großrussischen Geschichtsbild hängt auch Wladimir Putin an. Daher will er die „Kleinrussen" wieder unter den Einfluss Moskaus bringen, wie zu Sowjetzeiten. Denn die knapp 75 Jahre der Sowjetunion waren die einzige Zeit, in der diese Idee eines Großrusslands Wirklichkeit geworden war. Die gesamte Ukraine war eine Sowjetrepublik unter Kontrolle des Kremls. Eine eigenständige Ukraine hatte sich nur für knapp zwei Jahre nach dem Zusammenbruch von Habsburgermonarchie und Zarenreich halten können.

Einen dauerhaften Staat Ukraine gab es erst ab 1991. Damals hatten sich in einer Volksabstimmung mehr als 90 Prozent für eine Unabhängigkeit von Moskau ausgesprochen, auch ein großer Teil der in der Ukraine lebenden Russen, die einen Bevölkerungsanteil von rund 20 Prozent ausmachen. Die neu geschaffene Ukraine war damals übrigens der einzige Staat, der freiwillig seine Atomwaffen hergab, gegen internationale Sicherheitsgarantien, auch vonseiten Russlands. Die Ukraine wurde damit wieder zum Inbegriff des alten Ausdrucks von „Zwischeneuropa": Zwischen Russland und der EU gelegen, orientierten sich ihre Regierungen mal mehr an Moskau, mal mehr an Brüssel. In der Bevölkerung schien sich dabei aber immer mehr der proeuropäische Teil durchzusetzen. Zuerst in der sogenannten Orangenen Revolution von 2004, die eine klare Westorientierung brachte. Als zehn Jahre später der damalige prorussische Präsident Janukowytsch ein EU-Abkommen aussetzen wollte, brach sogar ein Aufstand gegen ihn aus, Stichwort Euromaidan 2014. Janukowytsch musste ins russische Exil fliehen. Und in der Ukraine kam es zu einer Entwicklung, die ganz offensichtlich auch der Kreml unterschätzt hat: War die Frage einer eigenständigen Nation lange Zeit unbeantwortet geblieben, so ist sie seit Putins Überfall geklärt. Die Ukrainer sind keine Russen, so wie auch die Österreicher keine Deutschen mehr sind.

Ukrainekrieg 2 – Russlands verpasste Chance

Demokratie oder bürgerliche Freiheit sind nicht gerade Begriffe, die man mit dem heutigen Russland verbindet. Die Welt wundert sich eher darüber, was das russische Volk alles mitträgt, ohne aufzubegehren. Das könnte ein Hinweis darauf sein, dass Protest und Zivilcourage Dinge sind, die viele Gesellschaften erst lernen müssen. Dazu hatten die Russen aber wenig Gelegenheit: Das Zarenreich war im Europa der Wende zum 20. Jahrhundert das am wenigsten entwickelte Land, wirtschaftlich wie politisch. Die Zaren in Sankt Petersburg regierten absolutistisch, es gab zwar ein Parlament, die Staatsduma, aber es war ohne große Befugnisse und in Kriegszeiten besonders machtlos. Denn die Macht ging vom Zarenhof aus. Und dort hatte während des Ersten Weltkriegs der umstrittene Wunderheiler Rasputin entscheidenden Einfluss. Rasputin wurde zwar im Dezember 1916 von Verwandten der Zarenfamilie ermordet. Aber das Vertrauen ins alte Regime war schon so sehr erschüttert, dass einige Wochen später, nach dem damals in Russland gültigen julianischen Kalender im Februar 1917, eine Revolution ausbrach.

Es war eine parlamentarische Revolution und keine bolschewistische. Der damalige Ministerpräsident, ein liberal gesinnter Adeliger namens Fürst Georgi Lwow, übernahm die Regierungsgeschäfte. Der Zar hatte die Armee gegen das eigene Volk einsetzen wollen, gegen in St. Petersburg demonstrierende Frauen, das war für die demokratisch gesinnten Parlamentarier der Tropfen, der das Fass zum Überlaufen brachte. Die neue, revolutionäre Regierung wurde von Liberalen und Linken gemeinsam gebildet, eine Art Große Koalition. Regierungschef wurde nach einigen Wochen Alexander Kerenski, ein Sozialdemokrat, der angesichts der schwierigen Umstände zunächst recht erfolgreich war, auch militärisch. Ihm gelangen die Reorganisation der Armee und Kriegserfolge. Die sogenannte Kerenski-Offensive der russischen Armee brachte im Juli 1917 vor allem die österreichischen Soldaten in große Schwierigkeiten und zwang die Deutschen dazu, Truppen von der französischen Front in den Osten zu verlegen.

Aber Krieg heißt eben auch Hunger und Unzufriedenheit. Und die nun durch Kerenski militärisch in Bedrängnis geratenen Deutschen nutzten das aus, indem sie den Führer der kommunistischen Bolschewiken, Wladimir Iljitsch Lenin, in einem versperrten Waggon aus seinem Exil in der Schweiz quer durch Deutschland in seine Heimat Russland brachten. Dort konnte Lenin mit den Slogans „Brot und Frieden" und „Alle Macht den Räten", also den Sowjets, beim durch den Krieg verarmten Volk punkten. Es folgte die Oktoberrevolution, ein mehrjähriger Bürgerkrieg. Und weitere mehr als 70 Jahre Diktatur und Autoritarismus. Ein Herrschaftssystem, das auch unter Putin nachklingt.

Ein demokratisches Russland der Februarrevolution, wie unter Kerenski geplant, hätte die Geschichte wohl anders verlaufen lassen. Wobei ebendiese Geschichte für Kerenski selbst ein gutes Ende bereithielt, im Vergleich mit seinen Gegenspielern: Zar Nikolaus und seine gesamte Familie wurde 1918 von den Bolschewiki umgebracht, samt Zarewitsch, dem damals gerade 13 Jahre alten Thronfolger. Lenin starb 1924, angeblich an einem Schlaganfall. Kerenski selbst konnte nach der Oktoberrevolution flüchten, erst nach Frankreich und 1940, nach dem Einmarsch der Deutschen, in die USA. Er unterrichtete als Historiker an verschiedenen Universitäten und veröffentlichte 1965 seine Memoiren, ein umfangreiches Werk, das sich intensiv damit beschäftigt, was aus Russland geworden wäre, wäre es den demokratischen Weg gegangen. Gestorben ist er 1970, in seinem 90. Lebensjahr, in New York. Friedlich in seinem Bett.

Ukrainekrieg 3 – Servus, Druschba

Österreich eilt ein gewisser Ruf als „Russlandversteher" voraus. Und tatsächlich waren die Beziehungen zwischen den beiden Staaten immer wieder erstaunlich gut, der österreichische Staatsvertrag mitten im Kalten Krieg gibt Zeugnis davon.

Als in Wien noch der Kaiser regierte und man am Spiel der damaligen Großmächte teilnahm, gab es unterschiedliche Phasen: Polen teilte man im Zuge der polnischen Teilungen untereinander auf, auch der Kampf gegen Napoleon war meist ein geeinter. Die erzkonservativen Habsburger und die reaktionären Romanows fanden Gefallen aneinander. Erst der Nationalismus ließ die beiden Staaten einander in die Quere kommen. Die Zaren sahen sich nun als Schutzherren aller Slawen, was dem österreichischen Kaiser gar nicht gefiel. Die Eskalation zum Ersten Weltkrieg zeigt das eindrucksvoll, der Balkan galt beiden Herrscherhäusern als eigener Hinterhof. Doch in diesem Konflikt war auch schon der Keim eines neuen Wien-Bezugs in Moskau gelegt: Die führenden Köpfe der späteren Sowjetunion waren Anfang 1913 in Wien, lernten sich hier zum Teil erst kennen.

Leo Trotzki, der spätere Führer der Roten Armee, lebte sieben Jahre lang in Wien. Lieber als daheim bei seiner Familie war er Schachspielen im Kaffeehaus, was einen hohen österreichischen Beamten anlässlich der russischen Revolution zum Ausspruch veranlasste: „Wer soll denn dort bitte Revolution machen? Der Herr Trotzki aus dem Café Central?" Kurz vor dem Krieg kam dann auch Nikolai Bucharin nach Wien, der spätere Chef der Kommunistischen Internationale. Und auch Stalin war 1913 hier. Er hat Trotzki und Bucharin in Wien kennengelernt, als junge Revolutionäre. Eine Freundschaft ist es nicht gerade geworden: Stalin ließ beide später umbringen. Wien besuchte Stalin aber zunächst in Lenins Auftrag. Er sollte den Umgang mit einem Vielvölkerstaat erforschen. Dabei fiel ihm ein österreichischer Sozialdemokrat auf, der sich mit demselben Thema beschäftigte: Karl Renner, der dann Gründungs-Staatskanzler der Ersten Republik wurde.

Als Stalins Rote Armee 1945 in Österreich einrückte, lebte Renner bereits seit Langem aus allen Ämtern zurückgezogen im niederösterreichischen Gloggnitz. Stalin ließ den ihm bekannten Renner nach Wien holen und mit der Bildung einer neuen österreichischen Regierung beauftragen. Die Westalliierten waren entsprechend skeptisch, aber Renner hielt die Sowjets sehr geschickt aus den Regierungsgeschäften heraus. Österreich blieb dadurch das Schicksal des lange geteilten Deutschland erspart. Denn erstaunlicherweise waren die Sowjets nicht einmal übermäßig sauer deswegen. Sie stimmten 1955 dem Staatsvertrag zu – und später auch dem EU-Beitrittsansuchen.

Besondere Beziehungen zwischen Russland und Österreich gab es später auch unter Putin. Als begeisterter Skifahrer war dieser immer wieder in Österreich, zum ersten Mal schon um Weihnachten 1992. Damals war er Vizebürgermeister von St. Petersburg, und sein Familienurlaub fand in einer Frühstückspension in Göstling am niederösterreichischen Hochkar statt. Von Luxusjachten und Palästen war da noch keine Rede. Später konnte sich die Druschba, die Freundschaft, mit Putin schon auszahlen. Nicht nur für russische Oligarchen, auch für einige österreichische Politiker. Die Ex-Kanzler Schüssel und Kern erhielten nach ihrer Zeit in der Politik Aufsichtsratsmandate in russischen Konzernen. Und die ehemalige Außenministerin Karin Kneissl bekam zusätzlich noch Saphirohrringe im Wert von 50.000 Euro als Geschenk zur Hochzeit von ihrem prominentesten Gast: Wladimir Putin.

Ukrainekrieg 4 – Lieber neutral als mittendrin

Der Überfall Russlands auf die Ukraine hat einen der Hauptpfeiler des österreichischen Selbstverständnisses wieder ins allgemeine Bewusstsein gerückt: die Neutralität. War sie bei der Erstellung des Staatsvertrages noch eine Art Pflichtübung, um die Sowjets bei Laune zu halten, so hat sie sich in den folgenden Jahrzehnten zu einer viel geliebten Grundhaltung entwickelt, nach dem Motto: „Lasst uns in Ruh, wir sind neutral" (mehr dazu auf S. 21 – *Tag der Fahne*). Wobei dieses Neutralitätsempfinden deutlich stärker ist als ihr rechtlicher Gehalt. Das beginnt schon bei ihrer Bezeichnung: Österreichs Neutralität trägt den Zusatz „immerwährend", und das ist eigentlich eine deutliche Ansage. Aber, wie so oft in Diplomatie und Politik: Was ist schon deutlich, und was ist unabänderbar?

Die Neutralität war eben eine Bedingung der Sowjetunion, damit sie dem österreichischen Staatsvertrag zustimmt. Allerdings waren die damaligen österreichischen Politiker ziemlich geschickt. Sie haben diese Bedingung akzeptiert, aber eine Menge Hintertüren eingebaut: So verwahrten sie sich dagegen, dass die Neutralität in den Staatsvertrag aufgenommen wird. Der ist nämlich ein Vertrag zwischen Österreich und den vier damaligen alliierten Mächten: den USA, Großbritannien, Frankreich und der Sowjetunion. Der Vertrag wurde von allen vier sogenannten Signatarstaaten unterzeichnet und auch in ihren Parlamenten ratifiziert. Daher kann er nicht von Österreich allein geändert werden. Im Vertrag finden sich also viele Punkte, vom Umgang mit dem ehemals „deutschen Eigentum" bis hin zur Verpflichtung der Pflege des Russendenkmals am Wiener Schwarzenbergplatz. Die Neutralität wird aber mit keinem Wort erwähnt. Als Begriff war sie nur im sogenannten Moskauer Memorandum verankert, das zwischen den Sowjets und den Österreichern einen Monat vor dem Staatsvertrag verhandelt wurde. Dieses war rechtlich aber bloß ein Versprechen der vier österreichischen Unterzeichner – Raab, Figl, Schärf und Kreisky –, dass Österreich ein Neutralitätsgesetz verabschieden würde. Und nicht mehr. Das hat man am 26. Oktober 1955 auch getan, damit war das Versprechen erfüllt. Das Neutralitätsgesetz selbst hat Österreich aber allein beschlossen und könnte es damit auch allein wieder verändern.

Die Signatarmächte haben dabei nichts zu sagen, weil Österreich dieses Gesetz nicht ratifizieren ließ, sondern nur notifizieren. Das heißt, man teilte allen 65 Ländern, mit denen Österreich damals diplomatische Beziehungen unterhielt, mit, dass man von jetzt an neutral sei. Im Sinne von: „Nur, dass ihr's wisst …" Aber man hat keine Genehmigung eines anderen Staates eingeholt, das war eben nicht notwendig.

Die militärische Neutralität sollte also gemäß dem Gesetz immerwährend sein. Die Bedeutung von immerwährend ist jedoch nicht, dass sie bis ans Ende aller Zeiten dauern wird, sondern: Die Neutralität gilt nicht bloß für einen aktuellen militärischen Konflikt wie Koreakrieg, Algerienkrieg, Suezkrieg. Sondern sie gilt auch darüber hinaus. Ihr Ende ist, trotz der scheinbar so klaren Formulierung immerwährend, also noch nicht feststehend, aber diskutierbar.

Solche begrifflichen Gratwanderungen unternimmt man auch heute noch: Die EU hat der Ukraine Geld für Waffenkäufe zur Verfügung gestellt. Nachdem dieses Geld auch aus Österreich kommt, wurde erklärt, dass vom österreichischen Anteil nur Helme und Schutzwesten angeschafft werden dürfen, aber eben keine Waffen. Die österreichische Rechtsposition tut so, als ob Geld ein Mascherl hätte und man hier eine klare Unterscheidung treffen könnte, um keinen Bruch der militärischen Neutralität zu riskieren. Eine ideologische Neutralität gibt es allerdings schon lange nicht mehr. Das begann mit den ersten UNO-Einsätzen, und das wurde mit dem EU-Beitritt noch deutlicher. Es zeigt sich auch daran, dass Österreich alle Sanktionen gegen Russland mitträgt. Trotzdem bezeichnet sich Österreich immer noch als neutral, und es gibt auch kaum politische Kräfte, die das ändern wollen. Denn mit dem Ukrainekrieg hat sich die Zustimmung zur Neutralität in Österreich noch einmal gesteigert. Bei Umfragen waren 81 Prozent dafür, nur 12 Prozent waren für einen NATO-Beitritt. Und solche Zahlen sichern die Neutralität deutlich stärker ab als gesetzliche Bestimmungen.

Ukrainekrieg 5 – Kriegsverbrechen, und niemanden kümmert es

Kriegsverbrechen sind kriminelle Akte, die besonders verwerflich sind – und die besonders selten verfolgt werden. Denn kaum jemals können sie vor Gericht gebracht werden, das zeigt aktuell auch der Ukrainekrieg.

Theoretisch ist es einfach: Es gibt völkerrechtliche Verträge, die Kriegsverbrechen genau definieren. Die zwei wichtigsten sind die sogenannte Haager Landkriegsordnung von 1907 und die Genfer Konventionen von 1949. Vorsätzliche Angriffe auf Zivilisten fallen ihnen zufolge ebenso unter die Kategorie strafbarer Kriegsverbrechen wie das „vorsätzliche Aushungern von Zivilpersonen". Auch manche Waffen wie Streubomben sind verboten, oder Angriffe auf bestimmte Gebäude wie Krankenhäuser. All das fand beim Überfall auf die Ukraine statt. Es handelt sich also ganz eindeutig um Kriegsverbrechen. Viel schwieriger ist aber die Frage, ob es sich auch um Kriegsverbrecher handelt, etwa in der Person von Russlands Präsident Wladimir Putin. Denn das eine folgt nicht automatisch aus dem anderen. Bei denen, die diese Verbrechen begehen, handelt es sich meist um Soldaten, die einer Befehlskette unterstehen. Der Panzerschütze handelt auf Anweisung des Panzerkommandanten, der untersteht wiederum dem Zugskommandanten, dem Kompaniechef, dem Bataillon, der Brigade und so weiter. Schießt der Schütze nicht auf Geheiß, begeht er Befehlsverweigerung und kommt vors Kriegsgericht. Es geht bei der Frage von Kriegsverbrechen also immer auch darum, herauszufinden, wer Befehle befolgt und wer sie gegeben hat. Den Nachweis zu führen, dass etwa Putin selbst den Beschuss eines Krankenhauses angeordnet hat, ist kaum möglich.

Es gibt internationale Gerichtshöfe, die genau solche Fragen klären sollen, und zwar gleich mehrere: Der Internationale Gerichtshof in Den Haag hat nach Kriegsbeginn in einem Schnellverfahren den russischen Überfall verurteilt und einen Stopp des russischen Angriffs verlangt. Allerdings hat der IGH selbst keine Zwangsmittel, er kann nur die UNO um Umsetzung bitten. Dort müsste der Sicherheitsrat entsprechende Maßnahmen beschließen. In diesem sitzt aber auch Russland und hat, wie jedes andere ständige Mitgliedsland, ein Vetorecht. Im Übrigen beschäftigt sich der Internationale Gerichtshof nur mit Kriegsverbrechen und nicht mit Kriegsverbrechern. Also nur mit Staaten und nicht mit Einzelpersonen. Für die gibt es den Internationalen Strafgerichtshof. Dieser ist seit 20 Jahren eingerichtet und hat seinen Sitz ebenfalls in Den Haag. Der Strafgerichtshof ist für Personen, die Kriegsverbrechen begehen, zuständig. Allerdings nur in 123 Staaten. Er ist nicht zuständig für Menschen, die in Russland leben, nicht für US-Amerikaner, nicht für Israelis, nicht für die meisten arabischen Staaten. Überall dort, wo die Wahrscheinlichkeit eines Krieges groß ist, hat man sich geweigert, diesen Gerichtshof anzuerkennen. Man könnte Wladimir Putin zwar theoretisch als Person vor Gericht bringen, denn die Ukraine erkennt den IStGH an. Aber Russland würde das Urteil nicht vollziehen, es käme zu keiner Auslieferung. Es käme daher wahrscheinlich auch zu keiner Verhandlung.

Im Zweifelsfall setzen sich die einzelnen Staaten über die internationalen Vereinbarungen und Vereinigungen hinweg, das zeigt die Geschichte. Das war beim Völkerbund so, der ersten internationalen Vereinigung zur Konfliktlösung. Gegründet wurde er nach dem Ersten Weltkrieg im Jahr 1919, den Sitz hatte er in Genf in der Schweiz. Darum ist Genf auch heute noch UNO-Sitz. Im Zweiten Weltkrieg ging er jedoch unter, insofern war er als Friedensprojekt nicht sehr erfolgreich. Er brachte zwar nach der Pandemie der Spanischen Grippe einiges im Gesundheitsbereich weiter, und auch die Weltgesundheitsorganisation WHO geht auf den Völkerbund zurück. Wirtschaftlich gelang ebenfalls manches, Völkerbundanleihen etwa retteten Österreich in der Zwischenkriegszeit vor dem Staatsbankrott. Und sogar einige kleinere kriegerische Konflikte wurden gelöst. Der größte Nachteil war allerdings, dass viele Länder nicht Mitglied waren, so wie heutzutage beim Internationalen Strafgerichtshof. Das begann bei den USA, deren Präsident Woodrow Wilson zwar die Idee zum Völkerbund hatte, die dann aber nie beitraten. Genauso wie die Sowjetunion – bis auf fünf Jahre. 1934 trat man zwar bei, aber bereits 1939 wurde das Land nach dem Hitler-Stalin-Pakt ausgeschlossen, das Deutsche Reich trat nach Hitlers Machtergreifung aus. Nach dem Zweiten Weltkrieg wurden daher die Vereinten Nationen gegründet, die UNO. Sie waren von Anfang an breiter aufgestellt, alle Großmächte waren dabei. Und während im Völkerbund jedes vertretene Land ein Vetorecht hatte – so wie heute in der EU –, haben das bei der UNO nur die fünf ständigen Mitglieder im Sicherheitsrat: eben die damaligen Großmächte USA, Frankreich und Großbritannien sowie Russland und China. Das reicht aber zur Blockade, wie der Ukrainekonflikt zeigt.

KAPITEL 5:

DAS ÖSTERREICHISCHE LABYRINTH

Einer der schönsten Aussprüche, die es über Österreich gibt, wird Helmut Qualtinger zugeschrieben. Er lautet: „Österreich ist ein Labyrinth, in dem sich jeder auskennt." Das Zitat stimmt in vielerlei Hinsicht: Das Land ist klein, man kennt sich, man weiß auch, wie die Dinge laufen. Aber sie laufen nach ganz eigenen Regeln: Es gibt Richtlinien und Spielräume. Es gibt Grenzen und Graubereiche. Es gibt „Des geht net", und es gibt „A bisserl was geht immer". Und um das Bisserl, das immer geht, herauszufinden, muss man mit dem Labyrinth Österreich vertraut sein. Die Sackgassen in diesem Labyrinth sind Höflichkeiten, hinter denen sich nur Ablehnung verbirgt. Es ist das Vermeiden eines klaren Neins, weil es doch hundert Möglichkeiten des unverbindlichen „Vielleicht" gibt. Oder es sind Verbindungen, die sich nur denen erschließen, die selbst Teil des Netzwerks sind, immer schon. Denn Österreich teilt sich klar in „die Unsrigen" und „die Anderen", und wer wohin gehört, ist Teil der rot-weiß-roten Beziehungs-DNA. Die hat man oder hat man nicht, und man kann sie nicht erlernen. All das gilt nicht nur für das Zwischenmenschliche und das Geschäftliche, es gilt auch für das Politische.

Hierarchien haben in Österreich immer noch zumindest eine zweite Ebene. Bundeskanzler sind mächtig, Landeshauptleute aber oft mächtiger. Bundespräsidenten sind formal jene im Staat, die die Zügel in der Hand halten, von der Regierung bis zum Militär. Real sind sie oft Scheinriesen: Je näher man hinsieht, desto kleiner wird der tatsächlich genutzte Spielraum. Parlamente und Landtage haben theoretisch das letzte Wort in der Gesetzgebung, praktisch kommen alle Entwürfe aus den Ministerien und Regierungsbüros. Und die Justiz ist unabhängig, auch von der Politik, ihre oberste Ebene, der Verfassungsgerichtshof, wird aber ausschließlich politisch besetzt. Und trotzdem funktioniert das Land erstaunlich gut, zumindest über weite Strecken und in den meisten Bereichen. Im folgenden Kapitel geht es um diese spezifisch österreichischen Aspekte. Um die Rolle des Bundespräsidenten und das Zusammenspiel von Bund und Ländern, um heikle Aspekte und Protagonisten der Geschichte, um die Adeligen, um die Nationalen, um die Spione. Es geht darum, sich besser auszukennen in diesem Labyrinth namens Österreich.

Warum das Römische Reich in Wien unterging

Wer in Wien nach einem römischen Kaiser sucht, wird rasch fündig: Sowohl eine Apotheke als auch ein Hotel mit genau diesem Namen gibt es, beide in der Wiener Innenstadt. Und beide sind kein Ausdruck der Antikenliebe, sondern eine Reverenz vor dem ortsansässigen Herrscher. Oder auch vor der Herrscherin: Maria Theresia nannte sich selbst ab 1745 „römische Kaiserin", obwohl sie das genau betrachtet gar nicht war, sondern „nur" die Frau des Kaisers. Warum aber römisch und nicht österreichisch? Weil Wien bis 1806 jahrhundertelang de facto Hauptstadt des Heiligen Römischen Reiches war, und weil seine Monarchen die Oberhäupter dieses Sacrum Imperium Romanum waren. Weil sogar ihr Titel, der des Kaisers, Bezug nahm auf Julius Cäsar (oder wie man es in der Spätantike ausgesprochen hätte: „Ka-Esar"), als dessen Nachfolger die jeweiligen Kaiser sich sahen. Diese Benennung und historische Ableitung war eine Art Vorsichtsmaßnahme gegen den Weltuntergang. Im Alten Testament im Buch Daniel hatte der gleichnamige Prophet, der Daniel aus der Löwengrube, eine Weissagung gemacht: Vier Reiche würde es geben, dann fände das Jüngste Gericht statt. Diese vier Reiche waren von den Bibelkundigen ebenfalls benannt worden. Das erste war das babylonische, das zweite das persische, das dritte das griechische – und das vierte eben das römische. An dessen Ende würde also die Welt untergehen. Da nun aber die Welt unbestreitbar noch stand, hatte auch das Römische Reich weiter zu bestehen.

Schon Karl der Große, der mächtige Frankenherrscher des Frühmittelalters, ließ sich im Jahr 800 in Rom zum Kaiser, also zum neuen Cäsar, krönen. Nach der Aufteilung seines Herrschaftsgebietes ging diese Kaiserwürde ans Ostfränkische Reich über, das praktischerweise auch Italien und damit Rom kontrollierte. Das Frankenreich selbst wurde ab dem zehnten Jahrhundert Imperium Romanum, also Römisches Reich, genannt, ab dem zwölften Jahrhundert sogar Heiliges Römisches Reich. Damit wurde der Anspruch verbunden, die Schutzmacht der römisch-katholischen Kirche zu sein. Der Kaiser als oberster aller Fürsten, der weltlichen wie der geistlichen.

Das missfiel jedoch nicht nur dem Papst, sondern auch den anderen Herrschern. Von Frankreich bis England war man König, nur im Reich war man ein Kaiser, ein Anspruch, der von allen deutschen Herrschern gern gepflegt wurde. Und von den Habsburgern, die die Kaiserwürde seit dem Jahr 1273 und Rudolf von Habsburg über weite Strecken innehatten, ganz besonders: Die Habsburgerkaiser nahmen ihr Reich und ihre Stellung als außergewöhnlich wahr, sie sahen sich als oberste Herrscher der damals bekannten Welt, und über einige Zeit hinweg waren sie es wohl auch. Das zeigte sich auch in den Reichskleinodien, also in den Insignien, mit denen die Macht des Herrschers repräsentiert wurde und die bei der Kaiserkrönung verliehen wurden. Das wichtigste Symbol war dabei die Kaiserkrone. Sie wurde wahrscheinlich ums Jahr 1000 herum hergestellt und ist nicht rund, sondern achteckig. Das ging symbolisch auf jene acht Menschen zurück, die laut biblischer Überlieferung die Sintflut überlebt hatten. Dieses Aufgreifen der Zahl acht symbolisierte damit den Anspruch auf die Herrschaft über die gesamte Menschheit. Dazu kam der Reichsapfel, eine Weltkugel, die ebenfalls den umfassenden Anspruch des Römischen Reiches darstellte, darüber das Kreuz des Christentums. Zum „Reichsschatz" zählten auch das Krönungsornat, das Zepter und noch einige andere Stücke, die alle bei der Kaiserkrönung zum Einsatz kamen. Zum letzten Mal geschah das 1792 bei der Krönung von Franz II., dem letzten Kaiser des Römischen Reiches, der später Franz I. von Österreich wurde.

Denn das Kaisertum Österreich wurde 1804 geschaffen, in einer Zeit, in der von einer herausragenden Rolle der Habsburger unter Europas Monarchen keine Rede mehr sein konnte. Der Ton wurde jetzt in Paris angegeben, Napoleon Bonaparte hatte sich dort im selben Jahr selbst zum Kaiser gekrönt. Das laut eigenem Anspruch weltumfassende Heilige Römische Reich wurde zwei Jahre später in Wien zu Grabe getragen. Kaiser Franz, nunmehr der Erste von Österreich, hatte die berechtigte Angst, dass ihm Napoleon sonst auch die römische Würde wegnehmen würde. So erklärte er 1806 das Römische Reich und das damit verbundene Kaiseramt lieber von sich aus als erloschen. Den Reichsschatz hatte er zuvor aber noch rechtzeitig von Nürnberg, wo die Insignien des Imperium Romanum fast 400 Jahre aufbewahrt worden waren, nach Wien schaffen lassen. Sie befanden sich seit den Napoleonischen Kriegen in der Schatzkammer der Habsburger in der Wiener Hofburg.

Bis ein anderer mit fixen Reichsvorstellungen die Bühne der Geschichte betrat: Adolf Hitler ließ kurz nach dem deutschen Einmarsch den Reichsschatz wieder nach Nürnberg bringen. Die Stadt in Franken war schließlich auch jener Ort, in dem die

NS-Reichsparteitage stattfanden. Hier sollte symbolisch eine Verbindung zwischen dem Heiligen Römischen Reich und dem geplanten Dritten, Tausendjährigen Reich entstehen. Diese Verbindung machten aber der Krieg und die Amerikaner rückgängig. Der NS-Bürgermeister von Nürnberg, Willy Liebel, ließ zwar alle Reichskleinodien noch kurz vor Kriegsende in einen Bunker bringen und sie dort einmauern, anschließend erschoss er sich. Allerdings gab es einige Mitwisser, und so konnten die Amerikaner den eingemauerten Schatz im Sommer 1945 finden und im Jahr darauf nach Wien zurückbringen. Und so liegen heute Glanz und Ende des Römischen Reiches in der Wiener Hofburg zur Besichtigung bereit.

Von Edlen und von G'scherten

Im Herbst 2021 war es wieder einmal so weit. An der Spitze der österreichischen Regierung stand ein Mann mit großem Namen: Alexander Georg Nicolas Schallenberg – wäre nicht 100 Jahre davor der Adel abgeschafft worden in Österreich, hätte man sogar „Reichsgraf" zu ihm sagen können. Ein Aristokrat als Regierungschef, das hatte es in diesen 100 Jahren kaum gegeben. Kurt Schuschnigg, der Nachfolger von Dollfuß und Kanzler des austrofaschistischen Ständestaates, wäre ein „Edler" gewesen. Allerdings war das ein vergleichsweise später und niedriger Adelstitel – Schuschniggs Großvater hatte als Landesgendarmeriekommandant von Tirol so viele Dienstjahre gesammelt, dass er 1898 ums Adelsprädikat ansuchen konnte. Die Schallenbergs dagegen waren Uradel, mit familiären Wurzeln im Hochmittelalter. Sie wurden erstmals im Jahr 1190 als Grundherren in St. Ulrich im

Mühlviertel erwähnt. Ihr Name kam von der Burg Schallenberg, ebenfalls im Bezirk Rohrbach, die schon lange verfallen ist. Erst waren sie Ritter, dann Freiherrn und seit 1666 sogar Reichsgrafen, also schon recht hoher Adel. Die korrekte Anrede für Reichsgrafen war „Erlaucht" – zumindest, wenn sie Hoheitsrechte in ihren Ländereien ausübten.

Am 10. April 1919 war es jedenfalls in Österreich mit allen Edlen, Durchlauchten, Erlauchten und Hoheiten vorbei, denn da trat das Adelsgesetz in Kraft, das sämtliche Adelsprädikate und Anreden strafbar machte. Die neu gegründete Republik Österreich war dabei viel radikaler als andere Staaten. In Deutschland oder Frankreich etwa blieben die Adelsnamen bis heute bestehen. In Österreich ist bereits das Tragen eines bloßen „von" im Namen strafbar – auch wenn dieses Gesetz schon lange nicht mehr exekutiert wird. Das so rigide Vorgehen gegen den Adel liegt wohl auch daran, dass seine Vorherrschaft im Österreich der Habsburger als drückender empfunden wurde als in anderen Ländern. Die k.-k.-Monarchie war unter Franz Joseph eines der konservativsten Regimes in Europa. Gesellschaftlicher Aufstieg war nur begrenzt möglich, und auch der Weg zur politischen Macht war vielen verschlossen. Eine Zahl illustriert dies besonders gut: Nach dem Ausgleich mit Ungarn im Jahr 1867, als das Kaisertum Österreich zur Doppelmonarchie wurde, gab es in Wien 30 Ministerpräsidenten. 29 davon waren adelig, zum guten Teil hochadelig, aus fürstlichen Familien. Nur der Dreißigste war es nicht: Heinrich Lammasch, der letzte Regierungschef des Kaisers, der im Oktober 1918 der Monarchie in ihren letzten 14 Tage vorstand, der war ein Bürgerlicher – in den 51 Jahren davor hatte es keinen einzigen Ministerpräsidenten aus nicht-aristokratischer Familie gegeben.

Kaiserhaus und Aristokratie hatten das Bürgertum nie hochkommen lassen. Und der Adel behielt im kaiserlichen Österreich auch viel länger seine Privilegien als in anderen Ländern. So gab es etwa über Jahrhunderte eine eigene Gerichtsbarkeit für Adelige, mit zum Teil wesentlich milderen Strafen. Was im Leben der Menschen aber viel schwerer wog, waren die sogenannten Patrimonialgerichte für Untertanen: Der jeweilige Grundherr war bis Mitte des 19. Jahrhunderts auch Richter über die Menschen in seinen Besitztümern, außer bei ganz schweren Straftaten. Bis dahin galt für Dorfbewohner auch die sogenannte Erbuntertänigkeit, sie war 1782 von Kaiser Joseph II. als Nachfolge der Leibeigenschaft geschaffen worden. Die meisten österreichischen Bauern waren bis dahin die Leibeigenen ihrer Grundherren gewesen. Sie durften nur mit deren Genehmigung heiraten oder ein Handwerk ausüben, vor allem durften sie nicht ohne Einwilligung wegziehen und anderswo ein Leben aufbauen. Diese Wegzug- und Erwerbsrechte erhielten sie nun durch das neue Instrument der Erbuntertänigkeit. Lebten sie jedoch weiter in ihrer bisherigen Heimat, galten trotz dieser josephinischen Reform die alten Verpflichtungen gegenüber dem Grundherren weiter, samt den Frondiensten auf seinen Gütern. Es gab außerdem die Pflicht, für den Adelshaushalt Gesinde zu stellen. Kurzum: Es herrschte in Österreichs Dörfern jahrhundertelang eine Gesellschaft der krassen Ungleichheit.

Das zeigte man auch nach außen, etwa im Rahmen der sehr detaillierten Kleiderordnungen: Bauern durften über Jahrhunderte nur gedeckte Farben tragen, bunte Stoffe waren Adeligen vorbehalten. Im deutschen Reich des 16. Jahrhunderts wurde sogar das erlaubte Tragen von Pelzen genau ausdifferenziert: Adeligen und Ratsherren standen Marderpelze zu, Handwerker durften Fuchs und Lamm tragen. Und für Bauern war bloß Ziegenfell als etwas wärmerer Wintermantel erlaubt. Dieser Drang, auch äußerlich zwischen dem Adel und den Landbewohnern zu unterscheiden, reichte bis zur Regulierung der Haarlänge und bis ins 19. Jahrhundert. So durften Adelige langes Haupthaar tragen, Bauern dagegen mussten einen geschorenen Kopf haben. Von dieser Vorschrift kommt auch der Ausdruck G'scherter für den Landbewohner, für den „nicht-edlen" Menschen.

Heute spielt der Adel kaum mehr eine Rolle in Österreich, nur im Bereich der Land- und Forstwirtschaft gibt es noch einige größere Besitzungen. Und auch die Diplomatie gilt immer noch als Domäne ehemals aristokratischer Familien. Es ist kein Zufall, dass sowohl Alexander Schallenberg als auch sein Vater Wolfgang Generalsekretäre des Außenministeriums waren. Als Aristokraten empfinden sich heute aber auch nur mehr Mitglieder jener Familien, deren Nobilitierung nicht erst von Kaiser Franz Joseph stammt wie im Fall Schuschnigg. 180 ehemals „hochadelige" Familien gibt es noch in Österreich, man (er-)kennt einander, bleibt ganz gern unter sich und heiratet auch untereinander. Was bei derzeit rund 11.000 Nachkommen dieser vormals edlen Häuser auch ganz gut funktioniert.

Warum am Kaiserhof so vieles „spanisch" daherkam

Das Land Österreich hat eigentlich keine besonders intensiven Beziehungen zu Spanien. Das „Haus Österreich" – also die Herrscherfamilie der Habsburger – dagegen schon. Verantwortlich dafür war Kaiser Maximilian I., den sie „den letzten Ritter" nannten. Ihm gelang es im späten 15. Jahrhundert, seinen Sohn Philipp mit der spanischen Kronprinzessin zu verheiraten. Zu einem günstigsten Zeitpunkt, denn 1492 hatte ein gewisser Christoph

Columbus Amerika entdeckt – für die spanische Krone. Die Habsburger hielten sich damals schon an das bekannte Motto: Kriege führen mögen andere – du, glückliches Österreich, heirate. Philipps Sohn Karl V. wiederum, der Enkel Maximilians I., wurde durch diese Verbindung sowohl Kaiser des Habsburgerreichs als auch König von Spanien. Er war damit der mächtigste Herrscher seiner Zeit, in dessen Reich die Sonne nie unterging. Und zwar im buchstäblichen Sinn, weil sein Herrschaftsbereich sich über die ganze Welt erstreckte.

Lange gehalten hat diese Union zwischen Österreich und Spanien aber nicht. Bereits Karl V. selbst hat sie schon wieder beendet. Er ging nämlich als einziger Kaiser in Pension, wie man heute sagen würde: Er hat sich vor seinem Tod im Alter von 56 Jahren in ein Kloster zurückgezogen, man könnte also sogar von einem Frühpensionisten sprechen. Sein Reich wurde geteilt: Sein Sohn Philipp II. bekam das zu dieser Zeit wesentlich wichtigere und reichere Spanien und Burgund. Karls jüngerer Bruder Ferdinand bekam die österreichischen Erblande und die Kaiserkrone. Ferdinand I., der neue Kaiser in Wien, war in Spanien aufgewachsen und konnte anfangs nicht einmal Deutsch. Seine wichtigsten Berater kamen ebenfalls von dort. Seit damals gab es die spanischen und die österreichischen Habsburger. Wobei man drauf achtete, dass die Verbindungen möglichst eng blieben: Ferdinands Sohn Maximilian II. heiratete seine Cousine Maria von Spanien, das war die Schwester von Philipp II. Es war also eine wirklich nahe Verwandtschaft, die Schwiegerväter waren zugleich auch die Onkel des Brautpaares, das war nur mit einer Dispens des Papstes möglich. Und das war auch Teil der später klassischen habsburgischen Verwandtenhochzeiten. Diese lange geübte Inzucht führte dazu, dass vor allem die spanischen Habsburger immer mehr Erbkrankheiten hatten und nach 200 Jahren am spanischen Thron ausstarben. Darum kommt das heutige spanische Königspaar auch aus der französischen Königsdynastie, sie sind Bourbonen.

Im Wien des 16. und 17. Jahrhunderts war jedoch alles, was aus Spanien kam, hoch angesagt. Daher herrschte am Kaiserhof auch das sogenannte spanische Hofzeremoniell, das erst unter Maria Theresias Sohn Joseph II. wieder abgeschafft wurde. Die Kleidung entsprach spanischen Vorbildern, und wegen dieser Mode entstand auch die spanische Hofreitschule. Bereits Kaiser Ferdinand I. hatte die Pferde und auch die Bereiter aus Spanien mitgebracht. Mit dem Ende der Habsburger kam dann auch das Ende der speziellen spanisch-österreichischen Beziehungen.

Ein neueres, trauriges Kapitel schrieb allerdings der Zweite Weltkrieg: Spanien war in den 1930er-Jahren eine Republik im Bürgerkrieg, und nachdem der faschistische Diktator Francisco Franco gewonnen hatte, waren viele Republikaner nach Frankreich geflüchtet. Als Hitler dort einmarschierte, kamen sie in Konzentrationslager, vor allem ins KZ Mauthausen. An die 5000 Spanier wurden so nach Oberösterreich gebracht. Doch auch jene, die das KZ überlebten, konnten nach ihrer Befreiung nicht zurück in ihre Heimat. Dort herrschte immer noch der Diktator Franco, bis 1975. Viele blieben daher in der Region um Mauthausen, heute noch gibt es eine ganze Reihe waschechter Mühlviertler mit spanischen Namen. Und immer wieder wird am spanischen Denkmal im KZ Mauthausen die Fahne des Königreichs Spanien heruntergenommen und stattdessen die Fahne der spanischen Republik gehisst.

Wie Österreich (nicht) mit der Nazizeit umging

Es gibt eine historische Erzählung, die ist für das offizielle Österreich höchst angenehm. Sie lautet: Österreich war das erste Opfer des Nationalsozialismus. Diese Sichtweise geht zurück auf die Moskauer Deklaration der drei Alliierten – die USA, Großbritannien und die Sowjetunion – vom 30. Oktober 1943. Bei einem Treffen in Moskau hatte man sich damals darauf verständigt, Österreich als genau das anzusehen, als erstes Opfer der Nazis. In weiterer Folge war das ein „Glücksfall" für das Land, weil man damit immer behaupten konnte: Wir waren es nicht. Und im Einzelfall: Ich habe nur meine Pflicht getan.

Diese Opfer-Erzählung war nicht vollkommen falsch. Es gab auch in Österreich Widerstandskämpfer gegen Hitler. Es gab den Mord an Dollfuß. Nicht alle standen im März 1938 in ganz Österreich am Straßenrand oder in Wien am Heldenplatz und jubelten den einmarschierenden deutschen Truppen zu. Man filmte damals für die Wochenschau natürlich nur jene, die gejubelt haben. Es gab aber auch die anderen. Man darf darüber hinaus auch nicht vergessen, dass Nazideutschland am 12. März 1938 nicht in eine Demokratie einmarschierte, sondern in eine austrofaschistische Diktatur: Dollfuß und Schuschnigg waren Diktatoren, die einen Großteil ihres Volkes unterdrückten, die alle Parteien, von den Sozialdemokraten über die Kommunisten bis zu den Nationalsozialisten, verboten, zuletzt sogar die eigene, die christlichsoziale Partei. Sie hatten wirtschaftlich keinen Erfolg und waren von Skandalen desavouiert, wie dem sogenannten Phönix-Skandal. Phönix hieß eine Versicherungsgesellschaft, die unter anderem die austrofaschistische Heimwehr finanzierte und bei deren Konkurs später viele Österreicher ihre Ersparnisse verloren. Kanzler Kurt Schuschnigg und sein „Ständestaat" hatten sich viele Gegner gemacht.

Man kann außerdem auch sagen, dass die Österreicher immer über eine große politische „Flexibilität" verfügten. Die sogenannte Anschluss-Volksabstimmung 1938 illustrierte das: In einigen entlegenen Kleingemeinden erfuhr man nicht mehr rechtzeitig vom Einmarsch der Deutschen und führte am 13. März die geplante Schuschnigg-Volksabstimmung doch durch. Mit ihr wollte Schuschnigg ein Bekenntnis des Volkes zu einem eigenständigen Österreich belegen. Hitler aber nahm ihre Ansetzung zum Anlass, den Einmarsch umgehend durchzuführen. Hitlers Befürchtungen bestanden wohl zu Recht, das zeigt das Ergebnis der da und dort eben doch noch durchgeführten Schuschnigg-Abstimmung. In der Tiroler Gemeinde Obertarrenz etwa lautete das Ergebnis am 13. März 1938 100 Prozent für ein unabhängiges Österreich. Am 10. April waren dann 100 Prozent der Obertarrenzer für den Anschluss an Deutschland. Dieses Ja zum Anschluss war bei vielen aus Angst vor Repressionen erfolgt, aber viele fanden auch Hitler und seine Ideen gut, sein Versprechen von Größe und einer klaren Richtung. Es existiert eine feierliche Erklärung der damals noch österreichischen Bischofskonferenz vom 18. März 1938 zu Hitlers Volksabstimmung. Sie lautet: „Am Tage der Volksabstimmung ist es für uns Bischöfe selbstverständlich nationale Pflicht, uns als Deutsche zum Deutschen Reich zu bekennen, und wir erwarten auch von allen gläubigen Christen, dass sie wissen, was sie ihrem Volke schuldig sind." Es war ein kirchlicher Segen für die Annexion – und für die Annektierer.

Historiker sind sich immer noch uneins darüber, ob überproportional viele Österreicher Nazis waren. Die Zahlen sind hier uneinheitlich. Ein Versuch, eine Antwort zu finden, ist es, sich anzusehen, wie viele Menschen unmittelbar nach dem Krieg durch nationalsozialistische Verbindungen als „belastet" galten. Als nach dem Kriegsende Deutschland und Österreich entnazifiziert wurden, wie das damals hieß, waren im gut zehnmal so großen Deutschland zweieinhalb Millionen Menschen in West deutschland als ehemalige Nazis erfasst und noch mal rund 800.000 in der Sowjetzone in Ostdeutschland. Insgesamt waren das etwas mehr als drei Millionen Menschen. Im viel kleineren Österreich gab es nach 1945 fast 550.000 Belastete: Nazis, Parteimitglieder. Rechnet man das auf die Bevölkerung um, gab es in Österreich also um fast 60 Prozent mehr NS-Belastete als im sogenannten „Altreich".

Dennoch setzte sich die These vom „ersten Opfer" rasch durch, sowohl in Österreich wie auch international. Österreich wurde zum Beispiel eingeladen, im KZ Auschwitz einen Ausstellungsraum zu gestalten – für Deutschland gab es diese Möglichkeit nicht. Die erste österreichische Ausstellung dort ist 1978 geschaffen worden, und zwar unter Mitwirkung von Opfern der Nazidiktatur. Für Letztere traf diese These auch zu, so stand „Österreich war das erste Opfer" groß über dem Eingangsbereich der Schau. Der Rest des Landes versteckte sich hinter den Widerstandskämpfern und KZ-Überlebenden, bis zu den Waldheim-Jahren. Erst während dessen Kandidatur zum Bundespräsidenten im Jahr 1986 – und auch zwei Jahre später während der Arbeit der „Historikerkommission" – wurde, 40 Jahre nach Kriegsende, erstmals auch die Täterrolle von Österreichern intensiv angesprochen. Die Mitverantwortung, die Schuld. Und es sollte noch einmal bis 1991 dauern, bis ein österreichischer Bundeskanzler, Franz Vranitzky, diese Mitverantwortung vor dem Parlament in Wien und vor der Knesset in Jerusalem eingestanden hat.

2021 wurde eine neue Ausstellung Österreichs in Auschwitz eröffnet. Sie erinnert an die österreichischen Opfer. Aber sie erinnert eben auch an die österreichischen Täter, über die jahrzehntelang nicht gesprochen wurde. Denn die gehören zur Erinnerung dazu. Es geht darum, nicht bloß abstrakt zu sagen, wie schrecklich war es damals! Sondern eben auch zu sagen: Da haben unsere Vorfahren mitgemacht, sie waren in unterschiedlichsten Rollen ein Teil dieses mörderischen Systems. Und nur sehr wenige sind dagegen aufgetreten. Wir tragen als Nachgeborene zwar keine persönliche Schuld an dem, was damals geschehen ist. Aber wir sind verantwortlich dafür, dass man hinsieht, dass man nicht vergisst – und daraus lernt.

Bundespräsident, groß und klein zugleich

„Alle Menschen sind frei und gleich an Würde und Rechten geboren", lautet der erste Satz von Artikel 1 der allgemeinen Erklärung der Menschenrechte, die 1948 von der UNO angenommen wurde. Als Alexander Van der Bellen 2016 seinen Wahlkampf um das Bundespräsidentenamt begann, nahm er diesen Satz als Leitspruch seiner Kampagne. Und doch führte sie ihn dorthin, wo die Gleichheit endet: Staaten haben Oberhäupter, und die sind schon definitionsgemäß mit mehr Rechten versehen und wohl auch „würdevoller" als andere.

Es gibt Präsidenten und Staatsoberhäupter, die auch die Regierungsmacht in ihren Händen halten, die politischen Systeme der USA oder Frankreichs sind zum Beispiel so aufgebaut. Es gibt Staatsoberhäupter, die rein zeremonielle Funktionen wahrnehmen und sich peinlichst jeder politischen Aussage verweigern, wie die meisten europäischen Monarchen. Es gibt Länder, da wechselt diese Funktion jährlich, wie in der Schweiz, wo jedes Regierungsmitglied für ein Jahr auch Bundespräsident wird, neben dem regulären Ministerjob, quasi ein repräsentativer Wanderpokal.

In Österreich ist die Bundespräsidentschaft eine prinzipiell starke Position: die einzige direkt gewählte auf Bundesebene, mit großen Durchgriffsrechten versehen. Der Bundespräsident ist Oberbefehlshaber des Militärs und Herr des Verfahrens bei der Regierungsbildung. Und er ist alleiniger Träger des Groß-Sterns des Ehrenzeichens für Verdienste um die Republik Österreich – der höchste heimische Orden, den eben nur Bundespräsidenten erhalten. Ordensverleihungen sind ebenfalls eine Aufgabe des Staatsoberhauptes und in Österreich nicht die unwichtigste.

Wobei man sich noch in den Gründungsjahren der Republik Österreich fragte, ob man denn so eine Funktion wirklich brauchen würde. Als die Erste Republik gegründet wurde, hatte man anfangs bewusst auf ein Staatsoberhaupt verzichtet. Stattdessen gab es einen sogenannten Staatsnotar – eine Person, die das rechtmäßige Zustandekommen von Regierungs- und Parlamentsbeschlüssen zu bestätigen und protokollieren hatte, wie ein Notar eben. Julius Sylvester, ein deutschnationaler Salzburger Rechtsanwalt, war der erste und einzige Staatsnotar der Republik. Schon im März 1919 schaffte man diese Funktion wieder ab und übertrug die Agenden stattdessen dem Parlamentspräsidenten und ab 1920 dann dem neu geschaffenen Amt des Bundespräsidenten. Die Funktion als Staatsnotar hat der Bundespräsident heute noch inne: Er bestätigt, dass Gesetzesbeschlüsse ordnungsgemäß zustande gekommen oder Beamte ordnungsgemäß bestellt worden sind. Doch im Laufe der Jahre kamen per Verfassung wichtige Befugnisse dazu, auch wenn sie über viele Jahrzehnte kaum genutzt wurden. Bundespräsident Wilhelm Miklas hätte es 1933 in der Hand gehabt, die Ständestaats-Diktatur von Dollfuß zu verhindern, er war ja auch Oberbefehlshaber des Bundesheers. Er hätte den Kanzler oder die ganze Regierung entlassen können und eine neue Regierung bestellen. Er hätte den Nationalrat auflösen können. Nichts von dieser theoretischen Machtfülle wurde jedoch wahrgenommen. Diese Selbstbeschränkung lebten auch seine Nachfolger: Bundespräsidenten erfüllten ihre Repräsentationsaufgaben, waren beim Opernball, eröffneten Messen. Gelegentlich fanden sie auch „mahnende Worte", wie Rudolf Kirchschläger im Jahr 1980 mit seiner Kritik an den „Sauren Wiesen" des damaligen AKH-Skandals. Sogar diese sehr verklausulierte Kritik wurde damals als Sensation empfunden.

Erst im Zuge des Ibiza-Skandals nahm der Bundespräsident das Ruder des Staatsschiffes in die Hand und nutzte erstmals seine Rechte zu einer Regierungsneubildung. Alexander Van der Bellens Expertenkabinett unter der Leitung der VfGH-Präsidentin Brigitte Bierlein war ein Bruch mit sämtlichen politischen Traditionen. Erstmals war ein Minister ganz offiziell gegen seinen Willen abberufen worden, nämlich Herbert Kickl als Innenminister. Und erstmals war das Staatsoberhaupt mit einem erfolgreichen Misstrauensantrag gegen eine gesamte Bundesregierung konfrontiert. Und die außergewöhnlichen Zeiten gingen weiter: Zwei Jahre später musste Van der Bellen erstmals die Exekution einer Erkenntnis des Verfassungsgerichtshofs gegen einen amtierenden Minister vornehmen. Im Prinzip hätte er sich dazu aller Behörden bedienen können, bis hin zum Bundesheer, aber ein Telefonat mit dem damaligen Finanzminister Gernot Blümel reichte dann doch, und die vom Parlament verlangten Unterlagen wurden geliefert.

Es gab bei Van der Bellens Amtsantritt eine Karikatur von Michael Pammesberger in der Tageszeitung *Kurier*. Man sieht den damals neu gewählten Präsidenten, neben ihm sein Hund, wie er aus dem Fenster blickt und sagt: „Jetzt wird's fad." Selten hat man sich so getäuscht.

Wenn der Präsident aus seinem Bürofenster blickt wie in der Pammesberger-Karikatur, dann kann er auf dem gegenüberliegenden Burgtor eine Inschrift lesen: Justitia Regnorum Fundamentum. Übersetzt heißt das: Das Recht ist die Grundlage der Herrschaft. Kaiser Franz I. hat diese Schrift anbringen lassen, und zwar auf der Innenseite des Tores, dem Herrscher zugewandt. Schon vor mehr als 200 Jahren war klar, dass Regieren immer auf dem Boden des Rechtes stattfinden muss. Eine Weisheit, die zuletzt gelegentlich infrage gestellt schien.

Kanzlerkrisen

In der deutschen Geschichte gab es das sogenannte Drei-Kaiser-Jahr. 1888 starb in Berlin zuerst Kaiser Wilhelm I.; sein Sohn Friedrich III., ein starker Raucher, hatte da bereits Kehlkopfkrebs, dem er nach nur 99 Tagen auf dem Thron erlag. Ihm folgte sein Sohn Wilhelm II., der zugleich auch der letzte Kaiser war, denn unter ihm ging die Hohenzollerndynastie 30 Jahre später unter.

Österreichs Innenpolitik konnte diesen rasanten Wechsel an der Regierungsspitze im Jahr 2021 noch toppen: Da gab es einen Drei-Kanzler-Herbst, und die Regenten wechselten noch viel schneller: Am 9. Oktober erklärte Sebastian Kurz den Rücktritt von seinem Amt, ihm folgte für gezählte 56 Tage Alexander Schallenberg. Ab 6. Dezember war dann Karl Nehammer Bundeskanzler. Und schon die Jahre davor hatten eine Unruhe ins Kanzleramt gebracht wie selten zuvor: Da gab es ein Expertenkabinett unter der Führung der Verfassungsrichterin Brigitte Bierlein. Es gab Hartwig Löger, der zuerst Finanzminister im türkis-blauen Kabinett von Sebastian Kurz war und ab 22. Mai 2019, nach Straches

Rücktritt wegen des Ibiza-Skandals, auch Vizekanzler. Und ab 28. Mai, nach dem ersten Rückzug von Kurz, war er sechs Tage lang geschäftsführender Bundeskanzler, bis Bierlein übernahm. Für die offizielle Aufnahme in die Galerie österreichischer Kanzler reicht diese Geschäftsführung im Kanzleramt allerdings nicht. Und es war auch nicht die kürzeste Episode dort. Die hatte einst Walter Breisky, ein Christlichsozialer, der 1923 für genau einen Tag Bundeskanzler war. Der längstdienende Kanzler der Republik Österreich dagegen war Bruno Kreisky. Nur ein Buchstabe Unterschied im Nachnamen, aber Welten in Bezug auf die politische Bedeutung: Die 13 Kreisky-Jahre werden heute noch als Ära bezeichnet, als einzige in der Zweiten Republik.

Grundsätzlich wird in Österreich stets der Chef der stärksten Regierungspartei Bundeskanzler – mit Ausnahme von Wolfgang Schüssel, der dieses Kunststück im Jahr 2000 vom dritten Platz weg schaffte. Und auch Parteivorsitz und Kanzleramt gehen gewöhnlich Hand in Hand. Der Versuch im Herbst 2021, Sebastian Kurz als Parteichef ohne Kanzlerjob im politischen Spiel zu halten, hatte historisch wenig Parallelen und vor allem keine erfolgreichen: Der letzte Parteichef, der als österreichischer Bundeskanzler zurücktreten musste, aber dennoch Parteichef blieb, war Ignaz Seipel im Jahr 1929: Der christlichsoziale Politiker und Priester, der wegen seiner harten Haltung politisch Andersdenkenden gegenüber als „Prälat ohne Milde" bezeichnet worden war, ging damals als Kanzler, blieb aber Vorsitzender seiner Partei. Allerdings nur für ein Jahr. Bei Sebastian Kurz sollten es nicht einmal zwei Monate werden, am 9. Oktober 2021 trat er als Kanzler zurück, am 3. Dezember auch als ÖVP-Obmann.

Die Verbindung von Kanzleramt und Parteivorsitz kommt auch daher, dass die Rolle des Kanzlers in der Regierung eigentlich keine allzu große formale Macht mit sich bringt. Während es in anderen Ländern wie Deutschland eine „Richtlinienkompetenz" des Kanzlers oder der Kanzlerin gibt, also die Möglichkeit, einem Minister etwas anzuschaffen, gibt es das in Österreich nicht. Hierzulande ist aber die Rolle der Ressortchefs besonders stark: Der Ministerrat ist ein Kollegialorgan, das nur einstimmige Beschlüsse fassen kann. Das heißt, jeder einzelne Minister, jede einzelne Ministerin hat ein Vetorecht in allen anderen Bereichen. Ein Kanzler, der nicht Parteichef ist und dadurch keinen Einfluss auf „seine Leute" hat, kann also höchstens eine Art Mediator sein.

Eine Parteichefin, ein Parteichef einer Regierungspartei ohne eigene Regierungsfunktion ist ebenfalls höchst beschränkt in der politischen Wirkung: Ihm oder ihr fehlt die große Bühne. Debatten im Parlament, Pressekonferenzen als Parteivorsitzender, das war's. Große internationale Auftritte, von EU-Gipfeln bis zu Staatsbesuchen, gibt es nicht. Der einzige Vorteil einer solchen Strategie ist, dass man im Parlament vergleichsweise gut geschützt ist. Einerseits durch die Immunität, andererseits dadurch, dass auch die Androhung eines Amtsverlusts wegfällt, also die Möglichkeit eines Misstrauensantrags. Bisher gab es in der Geschichte der Zweiten Republik 200 Misstrauensanträge der Opposition. Erfolgreich war aber nur ein einziger, Nummer 186 im Mai 2019. Das war jener gegen die erste Regierung von Sebastian Kurz.

Politiker vor Gericht

Wenn es um die Zeitspanne geht, die ein österreichischer Politiker vor Gericht verbracht hat, dann ist Ex-Finanzminister Karl-Heinz Grasser sicher ungeschlagen. Der BUWOG-Prozess begann im Dezember 2017 und dauerte bis zum Dezember 2020. Es gab 168 Verhandlungstage, das Urteil lautete für Grasser auf acht Jahre Haft wegen Untreue, Geschenkannahme und Beweismittelfälschung. Seine mutmaßlichen Komplizen Walter Meischberger und Peter Hochegger fassten sieben und sechs Jahre aus. Und demnächst geht das Ganze in die zweite Instanz.

Andere Verfahren liefen da rascher ab. Der bekannteste Politikerprozess vor dem BUWOG-Verfahren war der Olah-Prozess: Franz Olah war in den 1950er- und 60er-Jahren eine der schillerndsten Figuren der österreichischen Sozialdemokratie. Der strikte Anti-Kommunist, unter anderem wurde er auch von der CIA finanziert, wurde ÖGB-Präsident und später auch SPÖ-Innenminister. So locker, wie er sich und seine politischen Aktivitäten finanzieren ließ, hielt er es auch selbst mit dem Geld: In den 1950ern half er einem gewissen Hans Dichand mit Gewerkschaftsgeldern bei der Gründung einer neuen Tageszeitung, der *Kronenzeitung*. Später gab es Geld für eine weitere Zeitungsgründung, den *Express*. Und 1964 gab es sogar eine Million Schilling aus Gewerkschaftskassen für die FPÖ. Diese Finanzierung der FPÖ fiel in der SPÖ dann aber doch auf, es folgte der Bruch mit der Partei. Fünf Jahre später kam es dann im berühmten Olah-Prozess wegen der Zeitungsfinanzierungen zu einer Verurteilung zu einem Jahr schwerem Kerker. Auch wegen Untreue, wie im BUWOG-Prozess, aber nicht wegen Geschenkannahme, es gab ja keine persönliche Bereicherung.

Ebenfalls ohne persönliche Bereicherung und dennoch mit einem strengen Urteil lief es 2017 beim ehemaligen Salzburger SPÖ-Bürgermeister Heinz Schaden vor Gericht. Die Übernahme von Fremdwährungskrediten der Stadt durch das Land Salzburg wurde als Untreue mit einer Schadenssumme von 4,7 Millionen Euro verurteilt, es gab drei Jahre Haft, davon eines unbedingt. Man könnte also leicht den Eindruck gewinnen, dass Politiker öfter vor Gericht stehen als andere Berufsgruppen, doch das ist nicht so. Politische Prozesse erregen nur mehr Aufmerksamkeit. Politiker sind „Personen öffentlichen Interesses", das heißt, man berichtet über jeden einzelnen Fall – und darf das auch. In vielen anderen Fällen sind die Mediengesetze sehr streng und verhindern eine ausführliche Berichterstattung.

Ob Karl-Heinz Grasser wirklich ins Gefängnis muss, entscheidet erst die nächste Instanz. Immer wieder kommt es aber in der Tat zu Haftstrafen für ehemalige Politiker. Hinter Gitter musste etwa im Jahr 1999 der ehemalige freiheitliche Abgeordnete Peter Rosenstingl. Er hatte Parteigelder veruntreut und war dann mit seiner Freundin nach Brasilien geflohen. Er erhielt sieben Jahre unbedingt, wurde aber schon 2002 aus gesundheitlichen Gründen entlassen. Im Jahr 2014 ging es dann um Ernst Strasser, den ehemaligen Innenminister und Kabinettskollegen von Karl-Heinz Grasser, auch hier lautete der Vorwurf auf Bestechlichkeit. Er hatte Undercover-Journalisten angeboten, Gesetzesbeschlüsse im EU-Parlament gegen Geld zu beeinflussen. Er erhielt drei Jahre unbedingte Haft, konnte jedoch nach sechs Monaten mit der sogenannten Fußfessel das Gefängnis verlassen.

Auch in diversen Verfahren rund um Jörg Haider und „seine" Landesbank, die Hypo Alpe Adria, gingen mehrere Politiker in Haft. Jörg Haider selbst nicht, der starb schon 2008 bei einem Verkehrsunfall, die Verfahren um Parteifinanzierungen und den Hypo-Konkurs begannen erst Jahre später. Der ehemalige Kärntner ÖVP-Obmann und Landesrat Josef Martinz etwa wurde 2012 zu fünfeinhalb Jahren Haft wegen Untreue verurteilt. Der oberste Gerichtshof reduzierte die Strafe später auf viereinhalb Jahre.

Einen Schutz gegen solche Verfahren gibt es auch für Politiker nicht. Denn die Immunität gilt nur für die unmittelbare politische Tätigkeit. Sie sorgt dafür, dass man als Abgeordneter frei reden und auch Kritik üben kann, ohne deswegen gleich angeklagt zu werden. Die Immunität ist also kein Privileg, sondern eine Notwendigkeit für die Ausübung eines freien Mandats, und sie gilt nur für Abgeordnete, nicht für Regierungsmitglieder. In allen anderen, nicht unmittelbar mit der Politik zusammenhängenden Bereichen gilt für Abgeordnete zwar keine Immunität, aber doch ein erhöhter Schutz vor Strafverfolgung. Wird ein Mandatar eines Delikts verdächtigt, das nichts mit seiner politischen Funktion zu tun hat, so muss der Immunitätsausschuss des Nationalrates über eine sogenannte Auslieferung entscheiden. Das wird bei strafbaren Handlungen aber stets gemacht.

Wirkliche Politikerprivilegien gab es früher durchaus – von großzügigen Pensionsregelungen über ÖBB-Freifahrtstickets bis hin zum Recht, Züge außerfahrplanmäßig anhalten zu lassen. Sie alle sind jedoch schon seit dem letzten Jahrtausend abgeschafft.

Patriot? Diktator? Mörder? Märtyrer?

Es gibt einen Kanzler in der Geschichte Österreichs, der das Land besonders gespalten hat. Die einen halten ihn für den größten Patrioten seiner Zeit, für einen fähigen Reformer, für jemanden, der sehr früh in höchste Ämter kam und dann entschlossen jede Gelegenheit ergriff, die ihm die Politik an Veränderungsmöglichkeit an die Hand gab. Die anderen sehen in ihm einen rücksichtslosen Autoritären, einen, der den Hass auf die Andersdenkenden kultivierte. Der eiskalt all jene ausschaltete, die ihm in die Quere kamen. Und der dabei auch nicht davor zurückschreckte, den Boden des Rechtsstaates zu verlassen. Und nein, weder die einen noch die anderen, die heute so über ihn urteilen, haben ihn persönlich kennengelernt. Denn es handelt sich um Engelbert Dollfuß.

Seine Geschichte ist die einer politischen Karriere gegen alle Wahrscheinlichkeiten. Denn Dollfuß war jemand, der aus einfachsten Verhältnissen kam, in einer Zeit, in der Einfluss, Bildung und Vermögen vor allem vererbt wurden. Geboren wurde er 1892 als lediges Kind einer Bauerntochter und eines Müllergehilfen in einer Bauernkeusche in Texing im Bezirk Melk in Niederösterreich. Damals hätte wohl niemand gedacht, dass er es einmal weit bringen würde. Der Bub war klein und schmächtig und blieb es auch: Dollfuß wurde nur 1,51 Meter groß, das war selbst für die damalige Zeit ungewöhnlich klein. Aber er war auch ungewöhnlich ehrgeizig. Aufs Gymnasium durfte er, weil er Priester werden sollte. Bei Ausbruch des Ersten Weltkriegs meldete er sich freiwillig zum Militär. Er wurde zuerst wegen seiner geringen Körpergröße abgelehnt, schließlich aber doch noch angenommen. Er ging zu den Tiroler Schützen und brachte es bis zum Oberleutnant mit acht Tapferkeitsorden. Nach dem Krieg studierte er nicht wie geplant Theologie, sondern Jus, und wurde Sekretär beim Bauernbund. Der Weg in die Politik war damit vorgezeichnet, und es ging rasch bergauf: Dollfuß wurde Direktor der niederösterreichischen Landwirtschaftskammer, dann Präsident der Bundesbahnen. Mit gerade 38 Jahren wurde er Landwirtschaftsminister, ein politisches Wunderkind, mit einem immer stärker durchscheinenden autoritären Zug.

In halb Europa gab es damals faschistische Tendenzen, Dollfuß griff sie auf. 1932 wurde er Bundeskanzler, im Alter von 39 Jahren, und er blieb zusätzlich auch Landwirtschaftsminister und Außenminister. 1933 ließ er nach einer Geschäftsordnungspanne das Parlament ausschalten und die Parlamentarier mithilfe der Polizei vertreiben, als sie ihre Sitzungen wieder aufnehmen wollten. Dollfuß regierte nun mit Notgesetzen aus der Weltkriegszeit, die meisten Historiker nennen diese Phase Austrofaschismus, in der ÖVP sagt man heute lieber „Kanzlerdiktatur" dazu. Er ließ dann erst die Kommunisten verbieten, kurz darauf die Sozialdemokraten. Und nach dem von ihm provozierten Bürgerkrieg 1934 schließlich überhaupt alle Parteien, auch die eigene christlichsoziale. Sein „Ständestaat" sollte ohne politische Parteien existieren.

Der nunmehr diktatorisch regierende Kanzler führte die Todesstrafe wieder ein, dann das Standrecht. Nach dem Bürgerkrieg im Februar 1934 ließ er selbst schwer verletzte Sozialdemokraten exekutieren, und zwar mit dem von ihm eingeführten und besonders grausamen Würgegalgen: Dabei wird dem Verurteilten nicht wie beim Galgen das Genick gebrochen, sondern er wird wie mit der spanischen Garotte erwürgt. Seit damals gilt Dollfuß vor allem in der Linken als gewissenloser Arbeitermörder. Doch es gab auch seine andere Seite: Er war ein unbestritten fähiger Agrarreformer und ein vehementer Patriot, ein Verteidiger der staatlichen Eigenständigkeit Österreichs. Auch wenn diese Verteidigung auf einem Bündnis mit dem italienischen Diktator Benito Mussolini beruhte. Vor allem sein Tod machte ihn schließlich in vielen bürgerlichen Kreisen zum Märtyrer: Im Zuge des Juli-Putsches der Nazis 1934 wurde er im Kanzleramt erschossen. Damit war Dollfuß eines der ersten hochrangigen Naziopfer.

In einigen heimischen Kirchen ist er heute tatsächlich auf Fresken und Bleiglasfenstern als Märtyrer verewigt. Es gab bis in die 2000er-Jahre auch jährliche Gedenkmessen ihm zu Ehren im Kanzleramt. Und im ÖVP-Klub im Parlament hing bis vor wenigen Jahren immer noch sein Porträt im Sitzungszimmer. In den Jahren danach ist es allerdings ruhig geworden um Engelbert Dollfuß und seine Rolle in der österreichischen Geschichte – bis im Dezember 2021 der Texingtaler Bürgermeister Gerhard Karner als neuer Innenminister angelobt wurde. So geriet auch die Dollfuß-Gedenkstätte in seiner Heimatgemeinde wieder ins Blickfeld der Öffentlichkeit. Und damit auch die Frage: Wie hält es die ÖVP mit den dunklen Seiten ihrer Parteigeschichte?

Die Rede, die nie gehalten wurde

Die berühmteste Rede Österreichs ist eine, die nie gehalten wurde. Und sie ist – auch das ist außergewöhnlich für eine Politikerrede – nur exakt 22 Sekunden lang. Sie geht so:

„Ich kann euch zu Weihnachten nichts geben, ich kann euch für den Christbaum, wenn ihr überhaupt einen habt, keine Kerzen geben, kein Stück Brot, keine Kohle zum Heizen, kein Glas zum Einschneiden. Wir haben nichts. Ich kann euch nur bitten: Glaubt an dieses Österreich!"

Jede Österreicherin, jeder Österreicher kennt diese Rede, es ist die legendäre Weihnachtsansprache von Leopold Figl, als er zu Weihnachten 1945 der Kanzler der wiedererstandenen Republik Österreich war. Die legendäre Tonbandaufnahme ist ein bedeutendes Zeitdokument, sie ist auch in der Tat von Leopold Figl – sie stammt allerdings nicht aus dem Jahr 1945, sondern aus dem Frühjahr 1965, wenige Wochen vor Figls Tod. Figl hatte zwar zu Weihnachten 1945 wirklich eine Radioansprache gehalten. Davon gab es aber weder Aufnahmen, noch gab es ein Manuskript. Daher baten zwei junge ORF-Mitarbeiter, der spätere ORF-Intendant Ernst Wolfram Marboe, ein Neffe von Figl, und Hans Magenschab, den schon todkranken Figl im April 1965 noch einmal ins Wiener Funkhaus. Magenschab, der später Pressesprecher von Bundespräsident Thomas Klestil wurde, schrieb einen Text. Der bereits todkranke Figl befand, das würde schon so ungefähr passen. Man ging ins Tonstudio – und nahm die berühmteste Rede der Nachkriegsgeschichte auf.

Wobei man sagen muss, dass der Text die Lage im Winter 1945 wirklich perfekt traf. Die etwas mysteriöse Phrase vom „Glas zum Einschneiden" etwa. Damals waren nach Krieg und Bomben viele Fenster kaputt. Um sie wieder zu reparieren, neue Fensterscheiben „einzuschneiden", fehlte aber das Glas. Erst am 5. Dezember 1945 wurde in Österreich erstmals wieder Fensterglas hergestellt, in der Brunner Glasfabrik. Es war eine große Meldung in allen Zeitungen und ein ganz wichtiger Schritt zurück zur Normalität, die aber trotzdem für viele noch so weit weg war wie das überall dringend benötigte Fensterglas. Auch sonst waren Herbst und Winter 1945 geprägt vom mühsamen Weg zurück in ein Leben im Frieden: Im Oktober wurde erstmals der Postverkehr wieder aufgenommen, im Dezember wurde die Reichsmark wieder vom Schilling abgelöst. Man durfte auf einigen Strecken wieder mit der Eisenbahn fahren. Dass das alles eine Sensation war, zeigt auch, wie sehr das ganze Leben zuvor darniedergelegen war.

Am dramatischsten war die Ernährungslage. Zu Weihnachten 1945 herrschte landesweit Hunger. Nach Kriegsende hatten zunächst die Alliierten die Lebensmittelversorgung der Bevölkerung übernommen, es gab Lebensmittelkarten. Anfangs bestand die Ration pro Person aus einem halben Laib Brot, je 50 Gramm Fett und Erbsen – pro Woche! Zu Weihnachten kamen sogenannte „Normalverbraucher" – also Nicht-Schwerarbeiter – auf täglich rund 800 Kilokalorien an Nahrungsrationen. Das ist ein Viertel dessen, was wir heute durchschnittlich zu uns nehmen. Viele Menschen sind verhungert. In Wien starben im Jahr 1945 dreimal so viele Menschen wie in den Jahren davor oder danach. Es gab aber auch Hilfen wie die Carepakete, und die sorgten dafür, dass die Österreicher überhaupt überlebten. Die heimische Landwirtschaft konnte damals nur ein Fünftel der fürs Land notwendigen Lebensmittel erzeugen, vier Fünftel kamen von den ehemaligen Kriegsgegnern, vor allem aus den USA und aus der Sowjetunion.

Wie problematisch die Ernährung der Bevölkerung war, zeigt, dass eines der wichtigsten Ministerien das Ministerium für Volksernährung war. Das war durchaus einflussreich, mit einer Maßnahme ist es allerdings gescheitert: 1946 erließ das Ministerium ein Rucksackverbot. Der Hintergrund war, dass die Leute nicht mehr privat aufs Land fahren, die wichtigen Lebensmittel hamstern und per Rucksack heimbringen und horten sollten. Die Regierung hatte aber keine Chance, das Rucksackverbot ließ sich nicht durchsetzen.

So richtig gehungert wurde noch bis ins Jahr 1948. Erst dann begann sich die Lage wieder zu normalisieren. Die letzten Lebensmittelkarten wurden 1953 abgeschafft.

Bund und Länder, Unter und Ober

Wer das in Österreich beliebte Kartenspiel Bauernschnapsen kennt, weiß: Im Zweifelsfall sticht der Ober den Unter. Diese Machtverteilung gibt es in vielen Hierarchien, auch in politischen. Nur ist dort nicht immer klar, wer gerade die bessere Karte in der Hand hält. Das gilt auch für das Verhältnis zwischen Bund und Ländern. Wobei für Österreichs Bundesländer und ihre Vertreter ganz klar ist: Entscheidend sind immer die Länder, auch historisch gesehen. Die Landeshauptleute werden auch nicht müde, daran zu erinnern, dass die Republik Österreich im Jahr 1918 formal von ihren Bundesländern gegründet wurde, und nicht andersrum. Nachdem die Republik Österreich aber als Bundesstaat und nicht als Staatenbund angelegt wurde, ist auch klar: Regiert wird in Wien, bundesweit gültige Gesetze werden in Wien gemacht – und die meisten Politikbereiche sind Bundessache.

Es gibt dennoch einen großen Bereich, in dem der Bund wenig mitzureden hat, und der nennt sich Föderalismus. Er beginnt bei Landwirtschaft und Brauchtumspflege, setzt sich fort im Gesundheitsbereich. Man hat dies besonders deutlich an den höchst unterschiedlichen Regelungen während der Coronapandemie gesehen. Man merkt es auch daran, dass es etwa da und dort Spitäler gibt, die fast in Sichtweite sind, wie Hainburg in Niederösterreich und Kittsee im Burgenland, aber eben durch Landesgrenzen getrennt und deshalb nicht zusammenlegbar. Auch im Bildungsbereich herrscht der Föderalismus, wobei die Trennung hier noch einmal komplizierter ist: Kindergärten werden meist von den Gemeinden betrieben, rechtlich sind sie eine Landessache, Gymnasien sind aber Bundesschulen, andere höhere Schulen ebenfalls. Pflichtschulen wiederum sind Landesangelegenheit, wobei das Lehrpersonal vom Land berufen wird und vom Bund bezahlt.

Der Hintergrund dieser komplizierten Regelungen sind auch Einflusssphären in der Personalpolitik. Denn gerade auf Gemeindeebene sind Bürgermeister, Vizebürgermeister, Gemeinderäte oft Lehrerinnen und Lehrer der örtlichen Schulen. Die haben einen Dienstgeber, der politisches Engagement fördert, sie haben auch meist ausreichend Freizeit oder können sich die Arbeitszeit zumindest einigermaßen einteilen – und sie haben keine Angst vor freier Rede. Angesichts dieser überdurchschnittlich hohen Konzentration von Lokalpolitik in den Lehrerzimmern ist auch das Interesse der Landespolitik an den

Schulen groß. Der personelle Zugriff von der Landesspitze kann ja auch dazu dienen, Wohlwollen oder Missfallen auszudrücken. Was den Landeshauptleuten außerdem in ihrer normalerweise vom Volk sehr geschätzten Rolle hilft, ist die Tatsache, dass sie Amt, Macht und Einfluss oft sehr lange innehaben. Während es seit dem Jahr 2000 in Österreich neun Kanzler und 13 Vizekanzler gab, waren Michael Häupl oder Erwin Pröll als Landeshauptleute jeweils fast ein Vierteljahrhundert im Amt. In der Regel ist es so: Als Landespolitiker geht man in Pension, als Bundespolitiker auf Jobsuche. Denn auch Eduard Wallnöfer in Tirol, Josef Krainer senior in der Steiermark, Theodor Kery im Burgenland oder der Vorarlberger Herbert Keßler waren ähnlich lange Landeshauptleute, jeder einzelne von ihnen mehr als 20 Jahre. Eine solche Kontinuität steigert natürlich das politische Gewicht. Auf Bundesebene üben sie dieses gemeinsam im Rahmen der Landeshauptleutekonferenz aus. Die ist formell kein Gremium der österreichischen Verfassung, so wenig wie die Sozialpartnerschaft. Sie ist eigentlich ein privates Treffen, aber eben von Leuten, die über viel politische Erfahrung und Einfluss verfügen. Einen Aufstand der Landeshauptleute tut sich niemand im Kanzleramt gerne an. Unter anderem deswegen, weil das Geld der Bundesparteien zum größten Teil aus den Ländern kommt. Denn die Parteimitgliedschaft ist auf Landesebene organisiert – und bei der ÖVP zusätzlich noch über die jeweiligen Bünde. Das führt dazu, dass nur die wenigsten Bundesparteichefs wirklich die Zügel ihrer Partei in der Hand haben. Dazu muss man schon sehr erfolgreich bei Wahlen sein. Das waren Bruno Kreisky, Franz Vranitzky und Wolfgang Schüssel in ihrer stärksten Zeit, und auch Sebastian Kurz, zumindest am Anfang seiner Zeit als Bundeskanzler. Sein Ende war dagegen schon wieder von Wortmeldungen aus den Ländern geprägt, die Personalentscheidung über seinen Nachfolger ebenfalls. Der Ober ist in diesem Kartenspiel wieder in Landeshand gelandet.

Hinterzimmer statt Straßenkampf

Wer auf die Geschichte der Ersten Republik sieht, erblickt dort Konflikte, gewalttätige Auseinandersetzungen, Parteiarmeen, einen Bürgerkrieg, Putschversuche und am Schluss eine Diktatur. Wer auf die Geschichte der Zweiten Republik sieht, findet das alles Gott sei Dank nicht. Es mag der „Geist der Lagerstraße" sein, wie es in der Nachkriegszeit hieß: die gemeinsame Erfahrung in den Konzentrationslagern der Nazis. Vielleicht war es genau das, was die Politik nach 1945 so ganz anders geprägt hat als jene vor 1938. Es war aber auch die Erkenntnis, dass man ein kleines, zerstörtes Land nur gemeinsam wieder aufbauen kann. Und dieses Gemeinsame umfasste auch die wirtschaftlichen Gegensätze von Arbeitgebern und Arbeitnehmern. Sehr rasch erkannte man nach dem Krieg, dass es für beide Seiten besser wäre, wenn man sich zusammensetzt und verhandelt, statt auf der Straße gegeneinander zu marschieren. Statt Streiks gab es also Lohn-Preis-Abkommen, die Sozialpartnerschaft etablierte sich, und sie spielt bis heute ihre Rolle: Lohnverhandlungen werden hart geführt, aber nicht bis zum Äußersten. Sie dauern viele Runden und enden traditionsgemäß nach langen Nächten. Aber nur selten kommt es zum Streik.

Das liegt nicht daran, dass dieses Kampfinstrument nicht stets bereitliegen würde, obwohl es stimmt, dass sich der Begriff „Streikrecht" in österreichischen Bundesgesetzen nicht findet. Was es aber gibt, ist das, was Juristen als „Streikfreiheit" bezeichnen: Österreich hat einschlägige internationale Abkommen unterzeichnet, etwa die Europäische Menschenrechtskonvention. Diese garantiert ein Recht auf Gewerkschaftsgründung und auf Kampfmaßnahmen, also auch auf Streiks. Im ebenfalls von Österreich ratifizierten UN-Sozialpakt ist sogar wörtlich vom „Streikrecht" die Rede. Das heißt aber nicht, dass bei uns jeder die Arbeit einfach niederlegen kann, denn Streik wird definiert als kollektive Kampfmaßnahme. Es gehört also ein Kollektiv dazu, eine größere Gruppe von Menschen, einer allein reicht nicht. Außerdem gibt es die Unterscheidung zwischen gewerkschaftlich organisierten und sogenannten wilden Streiks, also solchen, die ohne die Zustimmung der jeweiligen Gewerkschaft stattfinden. Beide Formen sind zulässig, nur wird im Fall eines wilden Streikes kein Geld aus dem gewerkschaftlichen Streikfonds ausbezahlt. Ist ein Streik mit der Gewerkschaft akkordiert, übernimmt sie die Lohnfortzahlung – für Gewerkschaftsmitglieder. Denn der Arbeitgeber muss bei einer Arbeitsniederlegung keinen Lohn und kein Gehalt mehr zahlen. Was er aber nicht darf, ist, Menschen, die streiken, zu kündigen oder zu entlassen.

Diese Streikfreiheit gilt aber nicht automatisch für alle Berufsgruppen. So ist nicht geklärt, ob Beamte wirklich streiken dürfen, denn ihr Dienstrecht sieht keine solche Möglichkeit vor. Allerdings gelten auch hier Menschenrechtskonvention und Sozialpakt. Ein Faktum ist jedenfalls, dass Österreichs Beamte in der Tat streiken, sogar relativ gesehen öfter als andere Arbeitnehmer. Die größten Protestmaßnahmen fanden in den letzten Jahren immer im öffentlichen Dienst statt. Bei Staatsbediensteten gilt außerdem der Sonderfall, dass der Dienstgeber für zumindest drei Tage das Gehalt weiterzahlen muss. Bei allen anderen Arbeitnehmern muss eben die Gewerkschaft einspringen.

Ob die Gewerkschaft aber immer noch genügend Geld für große Streiks hätte, ist fraglich. Die Größe des ÖGB-Streikfonds ist ein seit Jahrzehnten wohlgehütetes Geheimnis. Man geht jedoch davon aus, dass dieser Fonds im Zuge der BAWAG-Krise massiv gelitten hat. Daher drehen die Gewerkschaften sehr vorsichtig an der Eskalationsschraube ihrer Kampfmaßnahmen: Begonnen wird immer mit großen Betriebsversammlungen. Die wirken zwar auch wie ein Streik, in diesem Fall muss aber der Arbeitgeber weiterzahlen, weil sie offiziell in der Arbeitszeit stattfinden. Dieses vorsichtige Agieren trägt dazu bei, dass die Sozialpartnerschaft immer noch eine gute Gesprächsbasis hat und im Machtgefüge der Republik großen Einfluss.

Auf den Durchschnitt hochgerechnet, streiken Österreichs Arbeitnehmer nur wenige Sekunden im Jahr: Zuletzt waren es sechs Sekunden pro Kopf. Seit den 1970er-Jahren gab es auch viele Jahre völlig ohne Streiks. Der einzige Ausreißer war das Jahr 2003, da setzte Wolfgang Schüssel eine Pensionsreform durch. Daraufhin kamen aufs Jahr gerechnet mehr als drei Streikstunden pro Arbeitnehmer zusammen. Im internationalen Vergleich liegt Österreich aber gemeinsam mit der Schweiz am letzten Platz der Streikstatistiken. Die Deutschen streikten im Durchschnitt der letzten Jahre fast zehnmal so viel wie die Österreicher – und die Franzosen sogar fast hundertmal so viel. Vieles wird bei uns also in Hinterzimmern ausgehandelt und nicht auf der Straße erkämpft. Das Ergebnis kann sich aber durchaus sehen lassen.

Das Dritte Lager

Über viele Jahre war das österreichische Parteiensystem recht übersichtlich organisiert: Es gab die beiden Großparteien SPÖ und ÖVP – und daneben wenig anderes. Die Kommunisten schafften es immer wieder auf Wahlzettel, aber selten in Parlamente. Und dann gab es noch jene Parteien, die das sogenannte Dritte Lager neben Sozial- und Christdemokraten bildeten. Meist bürgerlich geprägt, mit einem antiklerikalen Hintergrund, deutschnational ausgerichtet. „Freiheitlich" nannte man das schon in Zeiten der Monarchie. Damals, vor gut 150 Jahren, entwickelten sich die Vorläufer der meisten heutigen Parteien. Und zwar nach jenen Prinzipien, die den jeweiligen Gründern am wichtigsten waren: Diejenigen, denen die Religion als erstes Unterscheidungskriterium diente, wurden zu Christdemokraten. Die, denen soziale Zugehörigkeit als entscheidendstes Merkmal galt, wurden Sozialdemokraten. Und wer in der Nation das wichtigste Bindeglied sah, wurde national-liberal. Oder wie man damals sagte: deutschfreiheitlich. Drei unterschiedliche Denkansätze – drei Lager.

Der Begriff „freiheitlich" ging zurück auf die gescheiterte Revolution von 1848, als neben den Arbeitern auch die Studenten aus den Burschenschaften einen Aufstand gegen den absolutistischen Staat versuchten. Der Kampfspruch damals lautete „Die Freiheit, das Recht" – daraus entstand die Bezeichnung „die Freiheitlichen". Wobei dieser Liberalismus in der Habsburgermonarchie meistens mit einem Bekenntnis zum Deutschtum einherging. Das war damals aber kein Alleinstellungsmerkmal, als „deutsch" bezeichneten sich alle, die diese Sprache sprachen. „Österreich" war zu dieser Zeit das Haus Habsburg. Nach dem verlorenen Ersten Weltkrieg stimmte die Nationalversammlung in Wien daher auch einstimmig und feierlich für den Anschluss an Deutschland.

Ihn verhinderte nur ein Anschlussverbot der siegreichen Alliierten. Ein Ende machte diesem Wunsch nach einer Vereinigung mit Deutschland erst das reale Erleben einer solchen. Denn die Nazis machten in ihrem Totalitätsanspruch auch vor den Deutschnationalen des heimischen Dritten Lagers nicht halt. Ihre Verbünde, von den Turnvereinen bis zu den Burschenschaften, wurden von den Nazis umgehend aufgelöst und in NS-Organisationen überführt. Der totalitäre Staat hatte eben kein Interesse an anderen Vereinigungen, auch nicht an solchen, die ihm ideologisch nahestanden. Auch nach 1945 gab es fürs Dritte Lager keinen raschen Wiederbeginn. Anfangs durften nur Volkspartei, SPÖ und die Kommunisten politisch aktiv werden und sich auch die Stimmen der NS-Mitläufer teilen. Nach einer Amnestie für diese sogenannten Minderbelasteten wurde 1949 der FPÖ-Vorläufer VdU gegründet, der Verband der Unabhängigen. Dort kam es auch gleich zum Konflikt zwischen liberalem und nationalem Flügel. Die Nationalen gewannen.

Als 1955 die FPÖ aus dem VdU hervorging, wurde daher Anton Reinthaller ihr erster Vorsitzender. Reinthaller war kein Unbekannter, sondern einer der höchstrangigen Nazis aus Österreich: Er bekleidete in der NS-Zeit den Rang eines SS-Brigadeführers, das ist ein Generalsrang. Er war nach dem Einmarsch der Deutschen im März 1938 Landwirtschaftsminister im Kabinett des nationalsozialistischen Kanzlers Arthur Seyß-Inquart und später Unterstaatssekretär in Hitlers Landwirtschaftsministerium in Berlin. Reinthaller war Träger des Ehrenwinkels der SS und des goldenen Parteiabzeichens der NSDAP. Nach 1945 wurde er als Kriegsverbrecher in Haft genommen und auch in mehreren Verfahren zu Kerkerstrafen verurteilt. Doch zehn Jahre später war die Welt mitten im Kalten Krieg, die Nazizeit scheinbar vergessen und Anton Reinthaller Chef einer Parlamentspartei. Nach seinem Tod war für mehr als 20 Jahre Friedrich Peter FPÖ-Chef, ebenfalls ehemaliges Mitglied bei der SS als Obersturmführer im Rang eines Oberleutnants. Politisch versuchte Peter eine Öffnung und „Liberalisierung" seiner Partei.

In der heutigen FPÖ ist das deutschnationale Lager – vor allem rund um die Burschenschafter – schon recht klein geworden, das liberale aber nicht viel größer. Man gibt sich als prononcierte Österreich-Partei. Das hängt auch damit zusammen, dass es mittlerweile ein stabiles Bekenntnis in der Bevölkerung zur österreichischen Nation gibt, Jörg Haider hatte diese ja noch als Missgeburt bezeichnet. Eine stabile Basis für die FPÖ ist das aber nicht, das merkt man auch an den Schwankungen bei den Wahlen – und an der Unmenge an Parteichefs, die die FPÖ verbraucht. Allein neun waren es seit dem Jahr 2000 – mehr als bei jeder anderen Parlamentspartei.

Die dritten Männer

Einer der ganz großen Filme der Kinogeschichte spielt in Wien: *Der dritte Mann*, 1949 und damit kurz nach dem Krieg entstanden, gilt heute, zumindest laut dem British Film Institute, als bester britischer Film aller Zeiten. Und weil auch amerikanische Produzenten beteiligt waren, belegt er im Ranking des American Film Institute zusätzlich Platz 57 der besten 100 US-Filme. Orson Welles spielte darin den Agenten Harry Lime, der zum Penicillin-Schmuggler und Kriminellen wird, und dass er das in Wien wurde, war kein Zufall. Gleich zwei der entscheidenden Männer hinter dem Film, der Drehbuchautor Graham Greene und der

Produzent Alexander Korda, waren davor Agenten des britischen Geheimdiensts gewesen. Die beiden wussten daher recht genau, wovon sie sprachen. Zudem war Wien zu dieser Zeit eine der Drehscheiben für Spionage. Und nicht nur Wien allein, sondern das gesamte von den Alliierten besetzte Österreich: Es gibt einen Aktenvermerk eines US-Diplomaten, der in den Nachkriegsjahren in Salzburg stationiert war. Er schreibt davon, dass seinen Schätzungen nach ein Viertel der Salzburger Bevölkerung mit Geheimdiensten kooperieren würde. Das ist schon eine besonders hohe Zahl, aber andere Schätzungen der Amerikaner gingen nach dem Krieg ebenfalls davon aus, dass immerhin rund zehn Prozent der Österreicher für Spionage einsetzbar wären. Dazu kamen auch noch die hauptberuflichen Agenten. Die CIA beschwerte sich damals in internen Schriftstücken, dass sie selbst zwar 700 Agenten in Wien im Einsatz habe, die Sowjets aber rund 2500.

Es kam dadurch auch jenseits des dritten Manns zu filmreifen Aktionen: 1951 fand die „Operation Silver" statt, für die Briten und Amerikaner einen Tunnel unter das Hotel Imperial gruben. Dort befand sich das sowjetische Hauptquartier, und man zapfte die Telefonzentrale der Sowjets an. Das war sehr erfolgreich – bis der Tunnel einstürzte und die Aktion aufflog.

Mit Spionage ging es aber auch nach der Besatzungszeit ungebremst weiter. Im Jahr 1956 fällte der Oberste Gerichtshof nämlich ein Grundsatzurteil, wonach in Österreich Spionage nicht strafbar war – oder genauer gesagt war sie nur dann strafbar, wenn sie sich gegen Österreich richtete. Dieses Urteil gilt heute noch und ist weltweit einzigartig, es machte Österreich und Wien zu einer Art sicherem Hafen für Agenten. In den folgenden Jahrzehnten kamen dann auch die hier ansässigen internationalen Organisationen als lohnendes Spionageziel dazu, von der UNO über die OSZE bis zur OPEC. Es gibt also in Österreich wirklich viel zu erfahren. Experten gehen davon aus, dass derzeit rund 7000 Geheimdienstmitarbeiter in Wien aktiv sind. Die österreichischen Behörden haben jahrzehntelang wenig dagegen unternommen. Derzeit wird der dafür zuständige Verfassungsschutz zwar umgebaut, die grundlegenden Kapazitäten werden aber nicht massiv erweitert. Und bei der Vorläuferbehörde BVT hatte die Abteilung Nachrichtendienste laut offiziellem Stellenplan gezählte 30 Mitarbeiter. Das heißt: Auf eine Person in der heimischen Spionageabwehr kamen rund 250 ausländische Spione.

Die militärischen Dienste Abwehramt, der Inlandsgeheimdienst des Heeres und Heeres-Nachrichtenamt, für Auslandsaufklärung zuständig, arbeiten übrigens seit Jahrzehnten selbst eng mit westlichen Geheimdiensten zusammen. In der berühmten Abhörstation Königswarte bei Hainburg wurde und wird der Funkverkehr des ganzen ehemaligen Ostblocks abgehört. Sie wurde einst von den Amerikanern mit ihrer eigenen Technologie ausgestattet und wird heute vom österreichischen Bundesheer betrieben. Und die Ergebnisse gehen über Pullach, die Zentrale des deutschen Bundesnachrichtendienstes, an die CIA weiter, das gilt nicht nur in Geheimdienstkreisen als offenes Geheimnis.

Mittlerweile ist die Hauptquelle für Spionage aber natürlich das Hacken von Daten. Doch persönliche Kontakte können offenbar durch nichts ersetzt werden. Die reisenden Agenten und die sogenannten Residenten, die in bestimmten Städten ihre Netzwerke „betreuen", gibt es immer noch. Als es im Zuge des Ukrainekriegs zu einer Ausweisung russischer Diplomaten kam, hatte man dann auch keine großen Schwierigkeiten, vier Personen zu finden, denen Österreich Spionage vorwerfen konnte. Denn internen Schätzungen zufolge ist mehr als ein Drittel der rund 200 hier akkreditierten russischen Diplomaten für den

Geheimdienst tätig. Der dritte Mann ist also immer noch Realität. Die fiktive Geschichte von Harry Lime im Nachkriegs-Wien fuhr damals übrigens weltweit begeisterte Kritiken, volle Kinosäle und einen Oscar ein. Nur in Wien war die Aufnahme des Filmes kritisch: Man sah sich viel zu negativ dargestellt …

Wie die Heinzen doch noch Österreicher wurden

Jahrhundertelang war das Burgenland ein Teil Ungarns, erst seit rund 100 Jahren gehört es zu Österreich. Und bis alle heutigen Gemeinden österreichisch waren, dauerte es weitere Jahre. Selbst den Begriff Burgenland gab es früher nicht. Es war einfach Westungarn, durch zwei kleine Flüsse, die Leitha und die Lafnitz, von Österreich getrennt. Verbunden war man nur durch das gemeinsame Königshaus. Die Teile der Doppelmonarchie wurden Cisleithanien und Transleithanien genannt, also das Land diesseits und jenseits der Leitha. Keine kleine Ehre für einen Fluss, der es bezüglich der Wassermenge nur auf ein Tausendstel der Donau bringt.

Im transleithanischen Westungarn gab es Kroaten, Ungarn, vor allem aber auch viele Deutschsprachige, die sogenannten Heanzen. Am 5. Dezember 1918 wurde von ihnen in Mattersdorf, so hieß Mattersburg damals, die Republik Heinzenland ausgerufen. Dieser Staat bestand allerdings nicht einmal 24 Stunden. Als man am nächsten Tag in Ödenburg dasselbe machen wollte, nahmen ungarische Truppen die Republiksgründer fest. Ein später gegen sie verhängtes Todesurteil wurde aber Gott sei Dank nie vollstreckt. Denn da war bereits die Diplomatie am Wort: Der damalige US-Präsident Woodrow Wilson hatte das Selbstbestimmungsrecht der Völker ausgerufen. Nicht mehr Könige sollten demnach über Staaten und Grenzen entscheiden, sondern das jeweilige Volk. Und Österreich hatte bei der Verhandlung des Friedensvertrags in St. Germain erreicht, dass die mehrheitlich deutschsprachigen Komitate Westungarns, nunmehr Burgenland genannt, Österreich zugeschlagen werden sollten. Ungarn musste das auf internationalen Druck hin akzeptieren, die Heinzen kamen zu Österreich. Der Übergabetermin der Gebiete sollte laut Vertrag der 28. August 1921 sein. Die Österreicher setzten Gendarmerie und Zollwache in Marsch, rund 2000 Mann, um das neue Land zu übernehmen. Ungarn hielt sich dabei zwar offiziell zurück, man unterstützte aber die Gründung von Freischärlertruppen. Die österreichischen Gendarmen wurden in Hinterhalte gelockt, es kam zu heftigen Gefechten, vor allem bei Güssing und Oberwart.

Mit den Freischärlern hatten sich auch Monarchisten verbündet, um Kaiser Karl zurück auf den Thron zu bringen, Ungarn war zu diesem Zeitpunkt formell immer noch eine Monarchie. Diese ungarischen Freischärler überschritten bei Kirchschlag auch die niederösterreichische Grenze, es folgten Kämpfe mit dem neu gegründeten österreichischen Bundesheer. Und in Wiener Neustadt hatten sich in den dortigen Betrieben bereits Arbeiterwehren formiert, um ebenfalls in den Kampf einzugreifen, man stand knapp vor dem Ausbruch eines Bürgerkriegs. Das wollten die Alliierten auf alle Fälle verhindern. Budapest wurde gezwungen, seine Unterstützung der Freischärler einzustellen. Diese gründeten daraufhin ihren eigenen Staat. Er hieß Leitha-Banat und überlebte nur einen Monat. Seine einzigen historischen Überreste sind zwei erhaltene Amtsblätter und eine Briefmarkenserie mit dem Aufdruck Lajta-Banasz. Österreich erklärte sich im Gegenzug mit einer Volksabstimmung in Ödenburg, dem damaligen Hauptort Westungarns, einverstanden. Sie fand unter großem ungarischem Druck statt, 65 Prozent stimmten schließlich für den Verbleib bei Ungarn. Aus Ödenburg, der geplanten Hauptstadt des neuen österreichischen Bundeslandes, wurde das ungarische Sopron.

Im Rest des Landes zogen die Österreicher kampflos ein, und die Suche nach einer neuen Hauptstadt begann. Bis 1925 war Bad Sauerbrunn Sitz von Landesverwaltung und Landesregierung, denn der Kurort zwischen Wiener Neustadt und Mattersburg hatte ausreichend Beherbergungsbetriebe – das war der Hauptgrund. 1925 wurde dann Eisenstadt in einer Kampfabstimmung mit Mattersburg und Pinkafeld zum Sitz der Landesregierung gewählt, also de facto zur Hauptstadt des Burgenlandes. De facto, weil zur formellen Landeshauptstadt wurde Eisenstadt erst 1981, seit damals ist das auch in der burgenländischen Landesverfassung verankert. Die Grenzziehung des neuen Bundeslandes dauerte ebenfalls noch ziemlich lange. Die meist adeligen Großgrundbesitzer wollten ihre Liegenschaften nicht durch Staatsgrenzen getrennt sehen, darum verlaufen diese Grenzen auch heute noch kreuz und quer. Und der letzte Ort, der Teil von Österreich wurde, liegt im Südburgenland. Der lokale Schlossherr hat es in den letzten Jahrzehnten zu einiger Bekanntheit gebracht, es ist Alfons Mensdorff-Pouilly, der umtriebige Waffenlobbyist. Sein Heimatort Luising kam erst im Jänner 1923 zu Österreich – das war der letzte territoriale Zuwachs unseres Landes.

Warum Vorarlberg vor dem Arlberg liegt

Vorarlberg liegt natürlich nicht hinter den Bergen, sondern davor, das ist allen zwischen Arlberg und Bodensee klar. Hinterm Berg leben die anderen. Vom Selbstverständnis der Alemannen her ist das keine Frage, aber geschichtlich ist es nicht so einfach zu beantworten.

Das erste Mal, dass sich der Begriff „Vorarlberg" auf einer Urkunde findet, passiert am 2. Dezember 1721, also vor gerade einmal 300 Jahren. Und er findet sich – passend für das sparsame Volk in den Bergen – auf einer Art Budgetbeschluss des Landtags der Habsburgischen Vorlande, oder Vorderösterreichs, wie es damals hieß. Es ging darum, wie viel und welche Steuern man der Obrigkeit und dem Kaiser zahlen sollte, ein wichtiger Punkt für all jene, die ab diesem Zeitpunkt „Vorarlberger" genannt wurden. Davor gab es bloß die Bezeichnungen der unmittelbaren Gebiete: die Grafschaft Feldkirch, die Herrschaft Bludenz mit dem Montafon, die Grafschaft Bregenz und so weiter. Alle wurden seit dem späten Mittelalter von den Habsburgern erworben. Diese waren ursprünglich Schweizer, die Habsburg liegt im Norden der Schweiz zwischen Zürich und Basel. In der habsburgischen Verwaltungssicht wurde das eigene Reich daher vom Stammsitz aus gedacht. Und aus dieser Perspektive lagen die seit dem 14. Jahrhundert erworbenen Besitztümer im Rheintal, im Montafon oder Bregenzer Wald auch „vor" dem Arlberg.

Als letztes Gebiet im heutigen Vorarlberg kam Lustenau dazu. Das war bis dahin ein sogenannter freier Reichshof, eine Königspfalz. Man kann sich das wie eine Art mittelalterliches Motel für Herrscher und ihre Gefolge vorstellen: Wenn der Kaiser oder König auf Reisen war, dann konnte er in diesen Reichspfalzen absteigen und wohnen. Erst 1830 kam der Reichshof Lustenau ebenfalls zu Österreich. Die Lustenauer sprechen heute noch einen eigenen Dialekt, einen anderen als im Rest des Landes, das könnte auch mit dieser langen Abgrenzung zusammenhängen.

Zu dieser Zeit im 19. Jahrhundert waren die Vorarlberger verwaltungstechnisch aber immer noch halbe Tiroler, auch wenn sie das nicht gerne hören. Sie waren Teil der gefürsteten Grafschaft Tirol. Ein eigenes Bundesland wurde Vorarlberg erst als Teil der Republik Österreich – und da wollte man anfangs eigentlich nicht hin. Denn nach 1918 wäre man deutlich lieber ein Teil der Schweiz geworden: Es gab 1919 eine Volksabstimmung, in der sich mehr als 80 Prozent der Vorarlberger für einen Anschluss an die Eidgenossenschaft aussprachen, als eigener Kanton. Diese Idee scheiterte jedoch an der Skepsis der Schweizer, denn die wollten die empfindliche Balance der mehrsprachigen Schweiz nicht durch einen weiteren großen deutschsprachigen Kanton gefährden. So blieb es bei der Zugehörigkeit zu Österreich. Wobei sich Vorarlberg in seiner Landesverfassung in Artikel eins als einziges Bundesland als selbstständiger Staat bezeichnet.

Ein Gefühl von Besonderheit zeichnet das Ländle auch heute noch aus. Wien ist weit weg, fast so weit wie Paris. Und immer wieder merkt man das. Am deutlichsten im Zuge der sogenannten Fußachaffäre im Jahr 1964. Damals wollte das Verkehrsministerium in Wien ein neues Bodenseeschiff nach dem zweimaligen Staatskanzler und späteren Bundespräsidenten Karl Renner benennen. Der hatte immerhin die Erste und die Zweite Republik mitbegründet, war also zweifellos ein Mann mit Verdiensten. Doch die Vorarlberger gingen auf die Barrikaden. Die regionale Tageszeitung, die *Vorarlberger Nachrichten*, hatte eine regelrechte Kampagne gegen die Benennung gefahren, und ihre Leser kamen in entsprechend kämpferischer Stimmung zur Zeremonie: Sie warfen mit Tomaten und rohen Eiern und gingen sogar mit Stöcken auf die zur Schiffstaufe aus Wien angereisten Ehrengäste los. Das Schiff wurde schließlich in einer Notzeremonie Vorarlberg genannt. So heißt es heute noch.

Die österreichische Mischkulanz

Österreich wächst, und zwar ziemlich rasch. Während die meisten von uns in der Schule noch etwas von sieben Millionen Einwohnern gelernt haben, wurde im April 2022 erstmals die Neun-Millionen-Grenze übersprungen. Auch wenn das zum Teil ein Ergebnis der Ukrainekrise und der Aufnahme der von dort Vertriebenen war, so ist die Tendenz doch seit Jahrzehnten klar. Und die heißt eben: Österreich wächst. Besonders deutlich wird das, wenn man sich die Vergleichszahlen aus der Vergangenheit ansieht. Die Erste, die die Zahl ihrer österreichischen Untertanen erheben ließ, war Maria Theresia: Die erste Volkszählung fand im Jahr 1754 statt, also vor etwas über 250 Jahren. Im heutigen österreichischen Staatsgebiet hat man damals 2,7 Millionen Einwohner gezählt, also weniger als ein Drittel der aktuellen Einwohnerzahl. Dass es nicht mehr Menschen waren, war naheliegend: Die Bundesländer, aus denen heute Österreich besteht, waren damals ein wenig fruchtbares Bauernland, in weiten Bereichen aber alpin oder hochalpin. Das Land hätte gar nicht mehr Menschen ernähren können. Dazu kamen schlechte medizinische Versorgung, eine hohe Kindersterblichkeit. Österreich und seine Hauptstadt Wien waren zu diesem Zeitpunkt zwar schon seit Jahrhunderten Zentrum einer Großmacht, über Phasen hinweg sogar eines Weltreichs gewesen. Aber das war dem Haus Habsburg geschuldet, nicht dem Land Österreich. Dieses war bevölkerungsmäßig und wirtschaftlich eher mittelmäßig aufgestellt.

In den darauffolgenden 100 Jahren änderte sich daran durch den technischen Fortschritt einiges: Eine verbesserte Landwirtschaft konnte mehr Menschen versorgen, etwa durch neue Ackerfrüchte. In Kärnten zum Beispiel setzte sich der Anbau von Erdäpfeln erst im 19. Jahrhundert durch. Daneben brachte die Industrialisierung neue Arbeitsplätze. Vor 150 Jahren lebten dann schon knapp 4,5 Millionen Menschen in Österreich. Besonders viele davon in Wien, denn das Wachstum der österreichischen Hauptstadt sprengte jeden Rahmen. Um 1800 hatte Wien rund 200.000 Einwohner, 100 Jahre später, vor dem Ersten Weltkrieg, waren es über 2 Millionen. Das ist eine Verzehnfachung innerhalb von 100 Jahren. Wien war um die letzte Jahrhundertwende unter den fünf größten Städten der Welt, mit London, Paris, Berlin und New York.

Für das rasante Wachstum der Stadt im 19. Jahrhundert war allerdings weniger der medizinische Fortschritt oder die bessere Ernährungslage verantwortlich, sondern die Zuwanderung aus allen Teilen der Monarchie. Vor allem aus den Gegenden, die weiter entfernt lagen: Nur gut ein Fünftel der damaligen Wiener Zuwanderer kamen aus Gebieten, die im heutigen Österreich liegen, die meisten davon aus Niederösterreich. Der Rest kam von anderswo, vor allem aus Böhmen, Mähren, Schlesien und Ungarn. Um 1900 hatte rund ein Viertel der Wiener einen Geburtsort im heutigen Tschechien. Nur vier Prozent waren in den sogenannten Alpenländern der Monarchie geboren. Es war eben eine spezielle Wiener Mischung, aber eben auch eine österreichische Mischung, historisch gesehen. Denn das heutige Österreich war in den meisten Zeiten seiner Geschichte ein Zuwandererland.

Ich stamme aus Kirchdorf an der Krems in Oberösterreich. Die große Gemeinde im Norden des Bezirks Kirchdorf ist Kremsmünster. Das war eine Gründung der Bayernherzöge, um sich ihren Einfluss in jenem Gebiet zu sichern, in dem damals die Awaren herrschten, ein mongolisches Reitervolk. Rund ums Münster an der Krems siedelten sich dann bajuwarische Bauern an. Die große Gemeinde im Süden des Bezirks ist Windischgarsten. Hier deutet schon der Ortsname auf die Besiedlung durch

„Windische" hin. Das waren Alpenslawen, die heute als Slowenen die südlichen Teile Kärntens bewohnen. Damals hatten sie ihre Siedlungen auch im oberösterreichischen Voralpengebiet. Dort lebten, vor allem in den höher gelegenen Regionen, auch noch die Nachkommen der Römer. In den Bergen und damit besser geschützt als in den Tälern, in denen immer neue Völker durchzogen, hielt sich diese romanische Bevölkerung in einigen Gebieten Österreichs bis ins Hochmittelalter. In der Schweiz leben sie als „Rätoromanen" bis heute. Ihre Sprache ist Ladinisch, also eine über 2000 Jahre erhaltene Form von Latein. Eine Mischkulanz waren die Alpenländer also immer schon.

Und so wird es wohl weitergehen. Menschen ziehen dorthin, wo sie bessere Chancen sehen, wo es Jobs gibt, wo es Sicherheit gibt. Das sind ukrainische Flüchtlinge, das waren in den letzten Jahrzehnten die Osteuropäer. Die rumänischen Städte sind in den letzten 30 Jahren um ein Viertel geschrumpft. Von dort kommen die Menschen, die jetzt bei uns leben und die besonders jene Arbeiten machen, die vielen sonst zu anstrengend, zu schmutzig oder zu gering bezahlt sind. Wien wird auch deshalb sehr bald wieder eine Zweimillionenstadt sein, wahrscheinlich schon in fünf Jahren. Noch im Jahr 2000 zählte Wien knapp über anderthalb Millionen, das Wachstum der letzten zwei Jahrzehnte erinnert also an die Boomzeiten am Ende der Monarchie. Heute schon ist Österreichs Hauptstadt die fünftgrößte Stadt der EU. Auf das Erreichen von zehn Millionen Einwohnern in ganz Österreich werden wir aber noch gut 50 Jahre warten müssen.

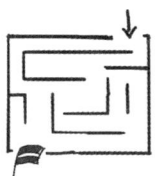

KAPITEL 6:

ECHT JETZT? – ENTDECKUNGEN IM ALLTAG

Als ich mit 20 Jahren nach Matura und Bundesheer nach Wien kam, um zu studieren, hatte ich einen Plan. Fünf Jahre lang hatte ich zuvor eine Höhere Technische Lehranstalt für Chemie absolviert, jetzt sollte ein Jusstudium die Ausbildung abrunden. Die Kombination aus Techniker und Jurist schien mir wie eine gute Idee. Doch als Bedingung für das Jusstudium hatte die Zulassungsbehörde das „kleine Latinum" festgesetzt, einen Nachweis über ausreichende Kenntnisse in Latein. Als angehenden Ingenieur hatte mich die HTL mit einigen Fähigkeiten und Abschlüssen ausgestattet, aber nicht damit. Die einfachste Methode, mit dieser Hürde umzugehen, war, ein Studium zu beginnen, in dem Latein ebenfalls verlangt war, aber nicht schon zu Studienbeginn. Geschichte war eines jener Fächer, das Latinum war hier bis zum dritten Semester zu erbringen. Das wollte ich tun und dann auf die Rechtswissenschaften umsatteln.

Das mit dem Latinum hat funktioniert, das mit dem Umstieg nicht mehr. Denn ich war nach diesem einen Jahr zur geringen Begeisterung meiner Familie in den Journalismus gerutscht. Immer genau dort zu sein, wo sich was tat, war mir viel interessanter geworden, als römisches Recht, bürgerliches Recht und Strafrecht zu repetieren. Das Geschichtestudium lief dabei aber immer mit. Und als mich die eigene Familiengründung aus den Innenstadtlokalen ins heimische Wohnzimmer zwang, kamen auch die einschlägigen Abschlüsse dazu. Die Beschäftigung mit der Historie war mir da aber schon eine geliebte Bereicherung geworden. Immer wieder saß ich auf der Uni, hörte neue Zusammenhänge und dachte mir: „Echt jetzt?" Es hatte sich wieder ein kleines Feld an Wissen aufgetan, von klugen Köpfen zusammen- und vorgetragen. Die Welt war wieder ein kleines Stück verständlicher geworden, für mich zumindest.

Das ist es, was Geschichte vermag: ein wenig Licht in dunkle Zusammenhänge bringen. Sie beschreibt, wie etwas ist, und kann manchmal auch beantworten, warum es so ist. Natürlich ist die Welt dabei immer komplexer als unsere Erklärungsmodelle. Oft kann das Gegenteil der eigenen Hypothese genauso stimmen, aber vielleicht geht sich ja eine Synthese aus beidem aus.

Häufig liegt die größere Leistung schon darin, überhaupt eine Frage zu stellen. Sich das, was selbstverständlich und gott- oder naturgegeben scheint, noch einmal genau anzusehen: Woher kommt eigentlich das Konzept „Zeit"? Hatten die Menschen immer schon das Verlangen, sie in Stunden, Minuten, Sekunden einzuteilen? Und warum wird die Zeit mittlerweile zwar überall gleich gemessen, aber die Länge oder das Gewicht nicht? Warum nutzen Briten und Amerikaner so viele andere Maßeinheiten als wir? Warum war ein bayerischer Fuß bis ins späte 19. Jahrhundert hinein etwas weniger lang als einer aus Wien? Wie ist das Geld entstanden, das ja angeblich die Welt regiert? Kann es irgendwann wieder verschwinden oder seinen ganzen Wert verlieren, und wie war es, als das schon einmal geschah? Lauter Fragen, auf die man Antworten geben kann. Und aus diesen Antworten erwachsen wieder neue Fragen, verknüpfen sich vielleicht. Und am Ende entsteht ein Flickenteppich an neuen Erkenntnissen, zusammenhängend, mehr oder minder lose. Aber tragfähig genug, das eigene Weltbild ein Stück weiter und bunter zu machen. Mit Wissen, nicht mit Meinungen.

Eine besonders kurze Geschichte der Zeit

In der heutigen Zeit regieren die Uhren. Arbeitszeit, Fahrzeit, Freizeit, Urlaubszeit – alles wird gemessen, auf Stunden und Minuten genau. Und wenn es besonders pressiert, sogar auf Sekunden. Wobei die Sekunde historisch gesehen eine recht neue Erfindung ist. Man konnte sie bis ins 19. Jahrhundert mangels genauer Uhren nicht messen, extrem kurze Zeitspannen wurden, wo es notwendig war, in „Pulsschlägen" angegeben, etwa in der Medizin. Und auch die Minuten waren als Maß lange nicht geläufig. In früheren Gesellschaften wurden kurze Zeiträume für gewöhnlich mit Tätigkeiten umschrieben. Für die Ureinwohner Amerikas war eine Viertelstunde etwa die Zeit, „eine Handvoll Gemüse zu kochen", wie es in ihrer Sprache bezeichnet wurde. Stunden gab es dagegen schon in der Antike, auf Latein hießen sie *hora*, im englischen *hour* finden sich Spuren davon heute noch. Allerdings waren diese Stunden im Jahresverlauf höchst unterschiedlich lang. Denn von der Antike und bis ins Mittelalter wurden der Tag und die Nacht einfach in zwölf Stunden geteilt. Bei Sonnenaufgang war die Prima, die erste Stunde; zu Mittag, wenn die Sonne am höchsten stand, die Sexta. Es gab die Vesper, die Stunde vor Sonnenuntergang, da wurde dann zu Abend gegessen – diese Einteilung des Tages prägte vor allem das klösterliche Leben. Nun ist aber natürlich in unseren Breiten der Sonnenaufgang im Sommer viel früher als im Winter und der Sonnenuntergang viel später. Entsprechend unterschiedlich waren dann auch die jeweiligen Stundenlängen, in Mitteleuropa dehnten sie sich im Jahresverlauf um gut das Doppelte. Nur am Äquator sind Tag und Nacht immer exakt zwölf Stunden lang, je weiter man nach Norden oder Süden reist, desto mehr variieren die Zeiten des Tageslichts und desto länger dauert auch die Dämmerung.

Fixe, für alle Orte immer gleich lange Stunden gab es erst mit der Erfindung der Turmuhren im 14. Jahrhundert: Wird die Zeit mit Gewichten, Pendeln und Zahnrädern gemessen, so kann man nicht mehr auf den Sonnenstand Rücksicht nehmen. Diese Turmuhren kamen zuerst in Italien auf, verbreiteten sich aber rasch. Die älteste heute noch existierende Uhr stammt aus dem Jahr 1386. Es ist die Turmuhr der Kathedrale von Salisbury. Sie hatte noch kein Ziffernblatt, nur ein Schlagwerk, das per Glockenschlag die Stunde angab. Dieser Stundenschlag der Turmuhren teilt seit damals in ganz Europa den Tag in immer gleiche Einheiten. Allerdings schlug einem die Zeit nun zwar gleich lang, aber nicht zum selben Zeitpunkt: Bis Mitte des 19. Jahrhunderts hatte jeder Ort seine eigene Zeit – wenn die Sonne am höchsten stand, war es 12:00 Uhr Mittag. Geändert hat sich das erst mit dem Aufkommen der Eisenbahnen. Deren Fahrpläne erforderten, dass überall entlang der Strecke dieselbe Zeit galt. Wenn Züge auf die Reise geschickt wurden, musste also das ganze System nach derselben Uhr ticken. Denn wenn die Sonne etwa in Wien am höchsten stand, war es in Linz erst neun Minuten später so weit, Salzburg lag eine Viertelstunde zurück und Bregenz eine halbe. Das konnte nirgends funktionieren. Daher führten zuerst die englischen Eisenbahnbetreiber eine allgemeine Standardzeit ein. Das wurde recht rasch europaweit übernommen. Nur Österreich hinkte hier ein wenig hinterher, bei uns gilt seit 1893 eine Standardzeit, da war es schon „höchste Eisenbahn".

Für die Normierung dieser Standardzeiten brauchte es moderne Techniken, erst Telegrafen, dann Telefone, um die exakte Zeit auch „gleichzeitig" starten zu lassen. In Österreich wurde 1948 die telefonische Zeitansage mit dem bekannten Satz „Es wird mit dem Summerton ..." eingeführt. In Zeiten von Funkuhren und Smartphones ist das allerdings ein eher nostalgisches Angebot, und seit 2009 auch eine kostenpflichtige Mehrwertnummer. Wobei die konstante, überall gleiche Zeit ohnehin eine Fiktion ist: Albert Einstein veröffentlichte bereits 1905 seine Relativitätstheorie und stellte dabei die These auf, dass die Zeit eben nicht überall gleich schnell tickt, sondern dass sie in bewegten Körpern langsamer vergeht als im Vergleich dazu in stillstehenden. Einstein übersetzte das auch in ein konkretes Beispiel: Er stellte fest, dass in einem fahrenden Eisenbahnwaggon die Zeit einen Tick weniger schnell vergeht als am Bahnhof. Dieser Unterschied besteht in Relation zur Geschwindigkeit, und daher existiert eine Relativität der Zeit. Deswegen heißt Einsteins berühmteste Theorie auch Relativitätstheorie.

Zu Einsteins Zeiten konnte man das nur glauben, heute kann man es auch beweisen. Denn Raketen oder Jets sind so viel schneller als frühere Eisenbahnen – und moderne Atomuhren so viel genauer als die ersten Zeitmesser. Begibt man sich mit einer solchen Atomuhr in einen Jet und fliegt dann mit annähernd 1000 km/h von Wien nach San Francisco, wird die Zeit an Bord um 6 Millisekunden langsamer vergangen sein als am Boden. Das ist messbar, merkbar ist es aber natürlich nicht.

Warum Österreich auf größerem Fuß lebte

Messen, zählen, vergleichen hat in unserer Gesellschaft eine große Bedeutung. Während Anthropologen nachweisen konnten, dass viele ursprüngliche Gesellschaften ganz gut mit nur drei Zahlwörtern auskamen – „ein", „zwei" und „viele" –, muss bei uns alles bis weit hinters Komma stimmen. Wenn es nicht nur ums Jagen und Sammeln, sondern auch ums Anbauen und Produzieren geht, ist das auch naheliegend. So wurden schon in den ersten Hochkulturen verbindliche Messsysteme eingeführt. Wobei diese anfangs immer von menschlichen Größenordnungen ausgingen, die Längeneinheiten etwa: Die Babylonier führten die Elle ein, die Ägypter den Fuß. Diese beiden Größen – der Unterarm und der Abstand zwischen Zehen und Ferse – hielten sich jahrtausendelang als Bezug, in manchen Ländern sind sie bis heute gültig. Jetzt sind Füße aber ziemlich unterschiedlich lang, Unterarme auch, selbst dann, wenn man den „erwachsenen Mann" als Standard festlegt. Ein Fuß ist zwar immer circa 30 Zentimeter lang, eine Elle in etwa einen halben Meter. Aber eben nur ungefähr. So wurde noch 1871 der österreichische Fuß mit 31,6 Zentimeter festgelegt, der bayerische Fuß dagegen im Jahr 1869 nur mit 29,2 Zentimeter. Die Österreicher lebten also buchstäblich auf größerem Fuß. In so einer Welt Handel zu treiben, war höchst kompliziert. Daher hatten die Franzosen schon 80 Jahre früher das sogenannte metrische System eingeführt. Es war eine Idee zur Zeit der Französischen Revolution, die man als Epoche der Vernunft betrachtete. In Paris wurde also das sogenannte Urmeter geschaffen, gedacht als ein Viertel des zehnmillionsten Teiles des Erdumfanges. Klingt kompliziert, war aber zumindest mal ein Ausgangspunkt. Denn aus diesem Urmeter wurde auch das Kilogramm entwickelt: Das war das Gewicht von einem Kubikdezimeter – oder anders gesagt: von einem Liter Wasser. Dieses Maß konnte man überall leicht nachvollziehen: ein Gefäß herstellen mit zehn mal zehn mal zehn Zentimetern Kantenlänge, Wasser hinein. Und schon hatte man ein Kilogramm.

Aus diesen Grundmaßen für Länge und Gewicht entwickelte man dann die anderen Maßeinheiten: für Leistung, Kraft und so weiter. Dieses auf dem Urmeter beruhende metrische System setzte sich zuerst vor allem in Kontinentaleuropa durch, später auch weltweit. Mit zwei großen Ausnahmen allerdings, nämlich den USA und Großbritannien. Da misst man immer noch mit der Meile, die ihrerseits wiederum aus 5280 Fuß oder 1760 Yards besteht. Ein kompliziert zu berechnendes System, das vom römischen „Doppelschritt" kommt. Tausend Doppelschritte – links, rechts – eines römischen Legionärs waren eine römische Meile. Großbritannien führte unter EU-Einfluss dann zwar verstärkt metrische Maße ein, seit dem Brexit versucht man aber, wieder gegenzusteuern. So werden Lebensmittel nun wieder in Pfund und Unzen gewogen und verkauft. Ein Pfund ist etwas weniger als ein halbes Kilo, und dieses Pfund teilt sich wiederum in 16 Unzen. Eine Unze ist also ungefähr drei Dekagramm schwer. Nach oben hin geht's nach dem Pfund weiter in Stones, das sind 14 Pfund. Dann kommen Quarters und Hundredweights.

Bei der Messung von Flüssigkeiten benutzt man in Großbritannien das Pint, allerdings nur für bestimmte Getränke, nämlich für Bier, Cider und Milch. Ein Pint ist beinahe ein halber Liter, das englische Pint ein wenig mehr, das US-Pint ein wenig weniger. Und es wird nur auf die drei erwähnten Getränke angewendet. Wer Wasser, ein Cola oder Limonade trinkt, wird das in London weiterhin in halben oder Viertellitern tun. Mit Logik hat das natürlich nichts zu tun, mit dem Reiten auf einer patriotischen Welle nach Abschied vom Europäertum dagegen eine ganze Menge. Hier wird eine gute alte Zeit beschworen, in der angeblich alles noch in Ordnung war, bei einem Pint of Ale. Oder zwei.

Als ein Pfund zwei Mark waren – und beides gewogen wurde

In Zeiten steigender Inflation hört man oft den Spruch: „Geld kann man nicht essen." Das deutet vor allem auf die Nutzlosigkeit von Münzen und Banknoten in existenziellen Krisen hin. Es hat aber nicht immer gestimmt, denn die ersten Währungen konnte man durchaus essen: Die frühen Hochkulturen rechneten ihren Handel mit Nahrungsmitteln ab. Ziegen oder Schafe waren eine gebräuchliche Währungseinheit, vor allem aber Getreide. Jedes Handelsgut war eine bestimmte Anzahl an Scheffeln Weizen oder Gerste wert. Auch Steuern und Strafen wurden so beziffert. Getreide war zu diesem Zweck deswegen so beliebt, weil es im Gegensatz zu Schafen lange halt- und dadurch lagerbar war.

Die Babylonier entwickelten daraus ein erstes Währungssystem: Sie lagerten das Getreide in ihren Tempeln ein, und man bekam dafür Bezugsrechte, mit Keilschrift auf Tontafeln festgehalten, und diese Tafeln wiederum wurden gehandelt. So entstanden de facto die ersten Banken und das erste Geld, tausend Jahre, bevor die ersten Münzen geprägt wurden. Diese traten dann aber aus guten Gründen einen Siegeszug an. Getreide konnte eben doch auch verderben oder verbrennen. Metalle, vor allem seltene Edelmetalle, waren wesentlich beständiger.

Die Lyder, ein Volk in Kleinasien, prägten im 7. Jahrhundert vor unserer Zeitrechnung die ersten Münzen aus Silber und Gold. Die wurden dann gewogen. Vom lateinischen Begriff *libra* für die Waage kommt die Währungsbezeichnung Lira, die es früher in Italien gab und die heute noch in der Türkei verwendet wird. Aber auch die meisten anderen Geldbezeichnungen kommen vom Wiegen und von Gewichten. Dem britischen Pfund merkt man das heute noch am deutlichsten an: Aus einem knappen halben Kilo Silber wurden im Mittelalter 240 Pennys geprägt. Oder andersrum gerechnet: 240 Pennys oder Pence waren ein Pfund Sterling(-Silber). Diese Währungsunterteilung in Zweihundertvierzigstel behielten die Briten übrigens bis 1971 bei. Erst seit damals teilen sie ihre Währung in Hundertstel, wie die Cents bei Euro oder Dollar. „Mark" wiederum war im Mittelalter die Bezeichnung für ein halbes Pfund. Die Kölner Mark galt damals als das deutsche Reichsmünzgewicht, aus diesem knappen Viertelkilo Silber wurden 70 Groschen geschlagen.

Man hat das Geld also über Jahrhunderte eher gewogen als ge-zählt, auch, um Fälschungen zu erkennen. Es gab außerdem Währungen, die nur in größeren Mengen einen Wert hatten, das sogenannte Muschelgeld etwa: Kaurischnecken wurden schon 2000 Jahre vor Christi Geburt als Währung verwendet. Sie waren in Afrika, Asien und Ozeanien bis ins 19. Jahrhundert hinein das wichtigste Zahlungsmittel für ärmere Bevölkerungsschichten, man konnte in einigen Ländern auch die Steuern damit bezahlen. In Papua-Neuguinea hielt sich das Zahlungssystem mit Kaurischnecken sogar bis in die 60er-Jahre des 20. Jahrhunderts. Wobei diese Muscheln eher Kleingeld waren, so entsprach vor rund 100 Jahren der Wert eines britischen Pfunds ungefähr dem von 30.000 Kaurischnecken. Wer damit größere Summen begleichen wollte, brauchte also mehr als eine Geldbörse.

Wenn Währungsbezeichnungen nicht von Gewichtseinheiten kamen, dann hießen sie oft nach dem Ort der Prägung: Der Heller kam erstmals aus Schwäbisch Hall, daher hieß er erst Haller, dann Heller. Der Taler wurde ursprünglich in Hall in Tirol geprägt, da hieß er noch Guldiner, obwohl er aus Silber war, aber sein Wert sollte eben dem einer Goldmünze entsprechen. Ein paar Jahrzehnte später kam diese Münze dann vor allem aus den Münzprägeanstalten und Silberbergwerken in Joachimsthal in

Böhmen. Man nannte sie zunächst Joachimsthaler und dann, abgekürzt, Taler. Der Begriff Dollar stammt davon ab. Der Name des Schillings kam wiederum vom römischen Solidus, übersetzt heißt das lateinische Wort „der Solide, Beständige, Zuverlässige". Er war eine antike Münze, der man schon in der Benennung den Werterhalt mitgeben wollte. Später hat sich dieser Solidus zum Schilling verschliffen.

Den Euro hat man nach Europa benannt und auf Teuro gereimt. Man tat ihm eigentlich Unrecht damit. Denn als der Euro 2022 sein 20-jähriges Jubiläum beging, rechneten Ökonomen seine Inflation, also die Geldentwertung, innerhalb dieser beiden Jahrzehnte zusammen. Sie betrug zu diesem Zeitpunkt rund 38 Prozent. In den zwei Jahrzehnten davor, den letzten beiden Schilling-Jahrzehnten, hatte die Inflation insgesamt 74 Prozent betragen. Die durchschnittliche jährliche Geldentwertung war beim Schilling also ziemlich genau doppelt so hoch wie beim Euro. Das war allerdings vor dem sprunghaften Ansteigen der Inflation im Zuge der Ukrainekrise.

Die Schrecken der Geldentwertung

Derzeit benutzen wir ein Wort wieder sehr, sehr häufig, das viele Jahre fast vergessen schien: Inflation. Ukrainekrieg und Krisen bringen gerade eine Geldentwertung mit sich, wie es sie zuletzt vor 50 Jahren gegeben hat. Und doch sind die aktuellen Inflationsraten nichts gegen das, was vor 100 Jahren die Generationen vor uns traf: die Hyperinflation. Sie war die absolute Entwertung aller Ersparnisse, die Minimierung aller Einkünfte, bis zu einem Punkt, an dem man das Geld mit Scheibtruhen transportierte.

Am Anfang stand auch damals ein Krieg: Österreich und Deutschland hatten den Ersten Weltkrieg verloren, und die Kriegskosten, vor allem aber die von den Siegermächten verlangten Reparationszahlungen, hatten beide Länder in den Bankrott getrieben. Wobei die Geldentwertung schon während des Krieges begonnen hatte, besonders gut abzulesen ist das am Verhältnis der österreichisch-ungarischen Währung, der Krone, zum Schweizer Franken. Vor dem Krieg, im Sommer 1914, betrug der Wechselkurs des Franken zur Krone in etwa eins zu eins. Bei Kriegsende, im November 1918, musste man schon zwei Kronen für einen Franken hinlegen. Und dann, mit den Friedensverhandlungen und Reparationszahlungen, ging es erst so richtig los: Mitte 1920 waren es schon 2700 Kronen für einen Franken, 1921 stand das Verhältnis bei 1 zu 12.000. Und im Juni 1922 musste man dann 360.000 Kronen für einen einzigen Franken zahlen. Das war eine Katastrophe für alle Menschen, aber vor allem natürlich für jene, die keine großen Besitztümer hatten, sondern allenfalls ein Sparbuch oder auch Kriegsanleihen, deren Kauf während des Weltkriegs so etwas wie eine patriotische Pflicht gewesen war. Wer sein Geld dort investiert hatte, hatte nun nichts mehr. Wer von fixen Bezügen leben musste, wie Pensionisten oder Beamte, stand am Monatsende de facto mit leeren Händen da. Bei Arbeitern wurde der Lohn täglich neu angepasst und ausbezahlt, denen ging es etwas besser. Und gut dran war nur, wer Schulden gehabt hatte, wie viele Bauern. Die waren ihre Hypothekardarlehen im Nu los. Denn bei solchen Darlehen war ein fixer Zinssatz üblich, und wenn die Inflation diesem davongaloppierte, war auch die Schuld rasch getilgt.

Besonders deutlich zeigt sich diese Hyperinflation, wenn man sich die Preise von Lebensmitteln ansieht: Im Mai 1914 kostete ein Kilo Schmalz 2 Kronen, im Mai 1922 wurden dafür 15.000 Kronen verlangt. Um diese Summe konnte man noch vor dem Krieg ein Haus kaufen. Oder andersherum gerechnet: 15.000 Kronen waren vor dem Krieg in etwa das Doppelte des Jahreseinkommens eines hohen Beamten, eines Hofrats. Im Sommer 1922 bekam man dafür ein Kilo Schmalz. In Österreich wurde die Hyperinflation schließlich durch eine internationale Hilfsaktion gestoppt. Der Völkerbund, damals so etwas wie ein Vorläufer der UNO oder der Weltbank heute, legte eine Anleihe für Österreich auf Goldbasis auf und garantierte damit für den Wert der österreichischen Währung. Gleichzeitig ließ er die österreichischen Notenpressen stilllegen und versiegeln. Denn die österreichische Regierung sollte gar nicht auf die Idee kommen, im Geheimen Geld zu drucken. Viel Vertrauen hatte man international offensichtlich nicht in sie. Diese Geldspritze des Völkerbunds führte zu einer Stabilisierung der Krone und später zur Einführung des Schillings. Damit war zwar Österreich saniert, Deutschland aber noch lange nicht. Denn dort gab es keine Rettung durch den Völkerbund, die Hyperinflation lief einfach weiter. Man sieht das auch an den Zahlen: Während in Österreich die höchste Inflation bei 1700 Prozent lag, stieg sie in Deutschland immer weiter, bis zu einem Spitzenwert von schlussendlich 22 Milliarden Prozent. Es ging so weit, dass man erst Millionen-Mark-Scheine auf den Markt brachte, dann Milliarden Mark. Schlussendlich waren es Geldscheine mit einem Nominalwert von jeweils mehreren Billionen Mark. Eine Billion, das sind eine Million Millionen. Und diese Geldscheine waren dennoch so wertlos, dass man sie nicht einmal mehr auf beiden Seiten bedruckte, das wäre zu teuer gewesen.

Thomas Mann, der Literaturnobelpreisträger, schrieb damals in sein Tagebuch: „Für ein Ei am Markt muss man heute hundert Millionen Mark zahlen." Um beim österreichischen Vergleich zu bleiben: Wenn man bei uns für den Gegenwert von einem Kilo Schmalz vor dem Krieg ein Haus bekommen hätte, dann hätte man in Deutschland für den Gegenwert von einem Ei im Jahr 1923 ein paar Tausend Häuser im Jahr 1913 bekommen. Linz etwa bestand zu dieser Zeit aus rund 6000 Gebäuden: Häuser, Schulen, Kirchen. Da wäre vor dem Krieg schon ein fiktiver Wert von 100 oder 200 Millionen Mark zusammengekommen. Am Markt in Thomas Manns Heimatstadt Lübeck war es an diesem Tag im Dezember 1923 der Preis für einen Apfel und ein Ei.

Urlaub, um Himmels willen!

Auf Urlaub zu fahren, ist eine Erfindung der letzten hundert Jahre. Zumindest in breiten Bevölkerungskreisen. Die sogenannte bessere Gesellschaft hatte schon im 19. Jahrhundert die „Sommerfrische" erfunden, wo abseits heißer Städte die schöne Jahreszeit in den Bergen oder an Seen verbracht wurde. Aber für alle anderen galt weitgehend: Wenn nicht geschlafen wurde oder wenn man nicht in der Kirche war, arbeitete man, den ganzen Tag, das ganze Jahr.

Die einzigen Ausnahmen waren eben jene Zeiten und Unternehmungen, die mit Religion zu tun hatten. Ihre Ausübung musste den Menschen zugestanden werden. Darum entwickelten sich seit dem Mittelalter die sogenannten Pilgerreisen oder Wallfahrten. Das war ein wenig wie eine frühe Form der Busreise, nur ohne Bus: Man ging zu Fuß zu einem oft weit entfernten Wallfahrtsort, in großen Gruppen, mit Übernachtungen und Verpflegung, das dauerte mehrere Tage und geschah bis zu dreimal im Jahr. Und es war nicht nur sehr fromm, sondern auch sehr vergnüglich: Es hat offensichtlich so vielen Menschen Freude gemacht, dass Kaiser Joseph II. die Wallfahrt im Jahr 1775 weitgehend verbieten ließ. Denn es gab ein breites Interesse der Obrigkeiten, die Menschen bei der Arbeit zu halten. Und dazu gehörte auch, Pilgerfahrten nur mehr in der näheren Umgebung zuzulassen, Reisen in andere Erzherzogtümer und Länder waren untersagt.

Im Gegensatz zu vielen anderen gescheiterten josephinischen Reformen hielt sich sein Verbot von Wallfahrten über (Bundes-) Ländergrenzen hinaus erstaunlich gut und erstaunlich lange. Erst nach einigen Jahrzehnten, im Biedermeier, ging es wieder los mit den Wallfahrten – die Attraktion des gemeinsamen Beten-Gehens ließ erst so richtig nach, als die Leute auch ohne Rosenkranz die Arbeitsstätte verlassen und Urlaub machen konnten.

In Österreich war es im Jahr 1910 so weit: Da gab es erstmals einen gesetzlichen Urlaubsanspruch – zunächst allerdings nur für Angestellte. Erst in der Ersten Republik erhielten dann auch Arbeiter Urlaubstage. Wobei es hier eine klare Unterscheidung gab: Angestellte hatten anfangs zehn Tage Urlaubsanspruch im Jahr, Arbeiter nur fünf. 1946 wurde der Urlaubsanspruch dann für alle auf zwei Wochen jährlich erhöht, 1964 auf drei Wochen, 1976 auf vier Wochen, und seit 1983 sind es fünf Wochen. Und für jene Beschäftigten, die schon 25 Arbeitsjahre hinter sich haben, sind es sechs Wochen Urlaub im Jahr.

Österreich liegt damit im internationalen Vergleich weit vorn. Nur in Frankreich oder Finnland ist der gesetzliche Urlaubsanspruch höher. Italien, Deutschland oder die Schweiz haben 20 Tage Mindest-Urlaubsanspruch. Und in den USA gibt es gar keinen gesetzlichen Urlaubsanspruch, da müssen sich Arbeitgeber und Arbeitnehmer miteinander ausmachen, ob es so etwas wie Urlaub gibt. Im Durchschnitt haben Angestellte dort zehn Urlaubstage im Jahr zur Verfügung. Allerdings nie bei Teilzeitjobs und nie im ersten Jahr der Betriebszugehörigkeit. Für viele Menschen mit prekären Jobs heißt das: Sie haben einfach nie Urlaub. Und sie haben im Übrigen auch keinen Anspruch auf Krankenstand. Wer in den USA krank ist und nicht arbeiten kann, wird meist nicht weiter bezahlt. Nur etwa jeder zweite US-Beschäftigte hat Anspruch auf bezahlten Krankenstand, und der ist oft zeitlich stark begrenzt. Das gilt sogar in Bereichen, die in Europa gewerkschaftlich gut organisiert und sozial abgesichert sind: In der US-Industrie haben nur 36 Prozent der Arbeiter Anspruch auf Gehaltsfortzahlung im Krankheitsfall. Das heißt, knapp zwei Drittel der amerikanischen Industriearbeiter bekommen nichts, wenn sie krank sind. Da hilft dann wohl wirklich nur mehr Beten.

Diesel – der Mann hinterm Motor

Sein Name ist so berühmt geworden, dass man oft vergisst, dass hinter ihm auch ein Mensch steht: Rudolf Diesel hat vor 125 Jahren den gleichnamigen Motor erfunden. Und während Benzin überall auf der Welt anders heißt, heißt Diesel weltweit einfach nur Diesel – mittlerweile sogar in Frankreich, wo man lange an der Bezeichnung *gazole* festgehalten hatte.

Rudolf war das Kind einer Familie aus Bayern, die nach Paris auswanderte, bevor sie im Deutsch-Französischen Krieg das Land wieder verlassen musste. Der 12-jährige Rudolf kam zu einem Onkel nach Augsburg, er ging dort zur Schule, später wechselte er nach München aufs Polytechnikum. Und schon als sehr junger Mann war er außergewöhnlich technisch begabt: Mit seinem Professor Carl Linde konstruierte er die ersten Kältemaschinen und Kühlschränke. Die Linde AG heißt heute Linde plc und ist ein

Weltkonzern mit Milliardenumsätzen und 75.000 Mitarbeitern. Diesel trennte sich damals aber im Streit von Linde, noch vor den ersten geschäftlichen Erfolgen, es ging dabei um die Rechte an Patenten. Stattdessen begann der junge Techniker mit der Arbeit an einem Motor, der einen viel höheren Wirkungsgrad haben sollte als alle bis dahin bekannten. Der die neuesten Entdeckungen der Physik ausnutzen und damit viel effizienter werden sollte. Diesel arbeitete mit selbstentzündlichen Flüssigkeiten unter hohem Druck, einer seiner ersten Motoren explodierte während der Arbeit daran und verletzte ihn schwer: Er lag monatelang im Krankenhaus und hatte bis zu seinem Tod Gesundheitsprobleme. Nach acht Jahren Arbeit, am 16. Juni 1897, konnte er aber den ersten funktionierenden Dieselmotor der Öffentlichkeit präsentieren, ein Meilenstein der Technikgeschichte.

Für Diesel selbst brachen damit aber keine goldenen Zeiten an: So genial er als Ingenieur war, so schlecht war er als Kaufmann. Dieselmotoren wurden zwar bald überall auf der Welt erzeugt, vor allem als Schiffsmotoren kamen sie rasch in den kommerziellen Einsatz. Diesel selbst war bereit, als Konsulent zu wirken, so arbeitete er 1896/97 während der Abschlussarbeiten an seinem neuen Motor auch in der Leobersdorfer Maschinenfabrik südlich von Wien mit, um dort die Motorenentwicklung voranzutreiben. Aber die Firma, die er selbst gründete, wurde schon nach wenigen Jahren aufgelöst, das große Geschäft machten andere. Diesel blieb der Ruhm – und ein früher Tod unter mysteriösen Umständen.

Diesels Motoren sollten die kaiserliche Marine Deutschlands stärken, doch der Erfinder wollte seine Entdeckung der ganzen Welt zugänglich machen. Im September 1913 lud ihn die britische Royal Navy nach London ein, um die Einführung von Dieselmotoren auf ihren Schiffen zu besprechen. Diesel nahm an, zur geringen Freude des deutschen Kaisers. Am 29. September bestieg er in Antwerpen den Dampfer Dresden. Auf dem Schiff nahm er noch ein Abendessen ein, gut gelaunt, wie Mitreisende später erzählten. Er verabschiedete sich von ihnen mit dem Satz, er wolle nun schlafen gehen. Am nächsten Tag fand man seine Kabine leer, das Bett war unbenutzt, nur seine Uhr lag noch da. Seinen Mantel fand man schließlich an der Reling, fein säuberlich zusammengelegt – doch Diesel selbst fand man gar nicht mehr. Erst zwei Wochen später wurde eine im Meer treibende Leiche gesichtet, die später als Rudolf Diesel identifiziert wurde. Es gab rasch Gerüchte, dass es sich um einen Mord gehandelt haben könnte. Seine Frau gab aber zu Protokoll, dass er zum Zeitpunkt seiner Reise nach England beinahe bankrott war. Es könnte also auch Selbstmord gewesen sein.

Bis heute heißen sowohl der von ihm konstruierte Motor als auch der ebenfalls von ihm erfundene Treibstoff nach ihm. Der Name ist so bekannt, dass sich sogar ein milliardenschweres italienisches Modelabel nach ihm benannt hat. Doch Diesel selbst sah seine gedankliche Meisterleistung nicht in der Technik, sondern in einer sozialen Utopie, die er entwickelt hatte. Er nannte sie „Solidarismus", es sollte eine Art genossenschaftliches Wirtschaftssystem sein, in dem nicht Konzerne entscheiden, sondern die Arbeiter selbst Finanzierung, Produktion und Verteilung von Gütern organisieren. Ein System zur, wie Diesel selbst schrieb, „natürlichen wirtschaftlichen Erlösung des Menschen". Und er meinte weiter: „Dass ich den Dieselmotor erfunden habe, ist schön und gut, aber meine Hauptleistung ist, dass ich die soziale Frage gelöst habe." Sein Motor sollte sich in den Auswirkungen allerdings als deutlich gesellschaftsverändernder erweisen als die soziale Theorie.

USA 1 – Österreich und Amerika

Heute sind die Verhältnisse recht klar, auch die Größe betreffend: Amerika, oder genauer gesagt die Vereinigten Staaten, sind eine Supermacht. Österreich ist ein Kleinstaat – der Staat ohne Kängurus, weil die Verwechslung von Austria und Australia für viele US-Bürger naheliegend und deshalb recht häufig ist. Das war aber schon mal ganz anders: Österreich war groß, Amerika unwichtig, und das hat man die Menschen jenseits des Atlantiks auch spüren lassen: Die USA entstanden im Jahr 1776 im Unabhängigkeitskrieg gegen England und seinen König. Den damaligen Kaisern in Wien war so ein Aufstand gegen einen Monarchen sehr zuwider. Mit solchen Menschen wollte man daher lieber nichts zu tun haben.

Die Amerikaner hatten damals aber noch großes Interesse an Österreich. Recht rasch nach der Unabhängigkeitserklärung, schon im Jahr 1777, bestimmten sie einen gewissen William Lee zu ihrem Gesandten am Kaiserhof. Das war eine hochrangige Wahl, denn Lee war nicht nur ein angesehener Diplomat, zwei seiner Brüder gehörten auch zu den „Gründervätern" der USA: Francis Lightfoot Lee und Richard Henry Lee. Beide waren unter den 55 Unterzeichnern der Unabhängigkeitserklärung. Richard Henry Lee war außerdem Präsident des sogenannten Kontinentalkongresses, sozusagen des obersten Parlaments der damaligen Vereinigten Staaten. Aber in Wien hatte sein Bruder William kein Glück und keinen Auftritt. Ihm wurde über Monate keine Audienz beim Kaiser gewährt, bei Hof galten die Amerikaner als Aufständische und Rebellen. Er musste also unverrichteter Dinge wieder abreisen, in den Niederlanden hatte er dann mehr Glück, die Holländer hatten daher auch früh diplomatische Beziehungen mit den USA. In Wien dagegen hielt man an der Linie, nicht mit

Rebellen zu reden, geschlagene 62 Jahre fest. Erst im Jahr 1838 – ein Menschenleben später – wurden diplomatische Beziehungen zwischen Wien und Washington aufgenommen und erste Botschafter ausgetauscht. Handelsbeziehungen gab es schon etwas früher, und noch früher gab es Auswanderer aus dem heutigen Österreich. Die erste größere Gruppe, die nach Amerika emigrierte, waren Salzburger Protestanten, die 1734 vom damaligen Erzbischof Leopold Anton von Firmian des Landes verwiesen wurden. 20.000 schickte der Bischof ins Exil, 150 von ihnen gingen nach Amerika und gründeten in den Südstaaten, in Georgia, eine Kolonie. Sie nannten ihre Siedlung Ebenezer und wollten sie zu einer christlichen Idealstadt machen. Es war einer der ersten Orte in Amerika, in denen die Sklaverei verboten wurde.

Diesen „Salzburgern", wie sich ihre Nachfahren auch heute noch bezeichnen, folgten viele. Zwischen 1870 und dem Ersten Weltkrieg wanderten 3,5 Millionen Menschen aus der Habsburgermonarchie nach Amerika aus, sie stellten zeitweise die größte Immigrantengruppe. Angesichts der 50 Millionen Einwohner, die die Monarchie damals hatte, war das ein gewaltiger Aderlass. Heute noch geben bei Volkszählungen in den USA mehr als 700.000 Menschen an, dass ihre Familie aus Österreich stammt. Explizit österreichische Nachbarschaften, ähnlich Little Italy oder Chinatown, gibt es aber nirgends. Am ehesten gibt es noch in Chicago eine solche Auslandsösterreicher-Gemeinschaft. Dort leben heute rund 60.000 Menschen mit burgenländischen Wurzeln. Es gibt allein in der Stadt Chicago 14 Burgenländer-Vereine.

Ganz allgemein hat sich das Verhältnis zwischen Österreich und den USA nach dem sehr holprigen Start positiv entwickelt. Nach dem Ende des Zweiten Weltkriegs haben sich die USA stark beim Wiederaufbau Österreichs engagiert. Das Hilfsprogramm für ganz Europa hieß Marshallplan – und Österreich bekam, gemeinsam mit Norwegen, die höchsten Pro-Kopf-Zuwendungen daraus. Dieses Geld fließt übrigens heute noch: Die USA haben damals so hohe Mittel an Österreich übertragen, dass bis heute rund eine Milliarde Euro an jährlichen Wirtschaftsförderungen bezahlt werden, vor allem in den Forschungs- und Entwicklungsbereich.

USA 2 – Die Geburt einer Supermacht

Der Krieg in der Ukraine hat auch die Weltpolitik neu geordnet. Nach den Trump-Jahren, in denen sich die USA mehr und mehr von der internationalen politischen Bühne zurückzogen, hat Putins Überfall die US-Führungsrolle neu belebt und unterstrichen. Die Demokratien des Westens scharen sich um die USA, Schweden und Finnland begeben sich unter den NATO-Schirm. Diese Führungsrolle ist den USA jedoch nicht in den Schoß gefallen, und sie ist auch noch nicht besonders alt: Bis weit in den Ersten Weltkrieg hinein hielten sich die USA aus den meisten internationalen Konflikten heraus, es sei denn, sie berührten ihre Interessen im eigenen Land. Dieses Land, das so groß war wie fast ein ganzer Kontinent, war sich lange selbst genug. In die Weltpolitik stolperte man sozusagen hinein.

Schon die Gründung der Vereinigten Staaten vor knapp 250 Jahren war das Ende einer Entwicklung und nicht das Resultat einer Planung. Der Unabhängigkeitskrieg von Großbritannien dauerte acht Jahre von den ersten Kampfhandlungen 1775 bis zum Friedensschluss mit England 1783 (mehr dazu auf S. 166 – *Österreich und Amerika*, sowie auf S. 83 – *Wie eine Impfung dazu führte, dass die Queen in Kanada Königin ist*). Und zu Beginn ging es auch nicht um Unabhängigkeit, sondern nur um politische Mitsprache. Die Situation unmittelbar vor diesem Krieg war folgendermaßen: In England lebten damals knapp sieben Millionen Menschen, in den britischen Kolonien in Nordamerika waren es bereits rund 2,5 Millionen, die Ureinwohner, die „Indianer", nicht mitgerechnet. Rund 90 Prozent der Kolonisten kamen aus England, waren britische Staatsbürger, doch sie hatten kaum politische Rechte. Dafür aber viele Pflichten und Verbote. So durften in den nordamerikanischen Kolonien keine Industrien begründet werden, die industrielle Weiterverarbeitung von Rohprodukten war verboten, damit der Absatz der teuren englischen Endprodukte gesichert blieb. Dazu kamen hohe Steuern und Zölle, um Englands Kriege zu finanzieren. Die Folge war steigende Unzufriedenheit – und ein erstes Beispiel von politischem Aktivismus, nämlich die berühmte Boston Tea Party.

Im Dezember 1773 warfen Kolonisten drei Ladungen Tee ins Bostoner Hafenbecken, um gegen die Teezölle zu protestieren. Verkleidet waren sie dabei als Indianer, als Mohawks, Tausende Bostoner sahen vom Ufer aus zu. Nach der Aktion säuberten die beteiligten „Mohawk-Indianer" sogar die Schiffe und entschuldigten sich bei der Hafenwache für ein aufgebrochenes Schloss – alles in allem hatte die Aktion mehr den Charakter eines Protest-Happenings als eines großen Konflikts. Die indianische Verkleidung sollte übrigens eine „amerikanische" Identität gegenüber britischen Repressalien darstellen. Teeproteste breiteten sich rasch im ganzen Land aus. London reagierte mit strengen Gesetzen und dem Schließen des Bostoner Hafens. Und so wurde aus dem Konflikt zwei Jahre später ein richtiger Krieg.

Wobei am Anfang eben nicht die Absetzung des Königs und die Ausrufung einer Republik im Mittelpunkt stand, sondern eine Vertretung im Londoner Parlament. Die amerikanischen Kolonisten hatten keine Wahlkreise, die eine Entsendung von

Abgeordneten ins britische Parlament erlaubt hätten. Dort gab es eine seit dem Mittelalter unveränderte Zuordnung der Parlamentssitze zu Grafschaften – *counties* – und zu Stadtbezirken – *boroughs*. Hinter letzterem Begriff verbirgt sich übrigens der altenglische Begriff *burgh* – der befestigte Ort, die Burg. Und weil sich seit dem Mittelalter eben manches verändert hatte, weil Pestepidemien und Kriege durchs Land gezogen waren, barg dieses System große Ungleichheiten: Sogenannte *rotten boroughs*, verfallene Städte, hatten dennoch ihre Parlamentssitze, für oft nur mehr eine Handvoll Wahlberechtigte. Der ehemalige Bischofssitz Old Sarum etwa war schon im 13. Jahrhundert wegen Wassermangels verlassen worden, als parlamentarischer *borough* entsandte er aber bis 1831 zwei Abgeordnete ins englische Parlament, bei zuletzt elf Wahlberechtigten. Für die knapp zweieinhalb Millionen Briten in den Neuengland-Kolonien gab es dagegen keine Vertretung. Und damit auch keine Chance, etwa bei Steuergesetzen mitzureden.

Doch Krieg hat immer eine eigene Dynamik. Schon am 4. Juli 1776, nach einem Jahr voller Kämpfe und Schlachten, beschlossen die amerikanischen Rebellen die Unabhängigkeit von Großbritannien. Es gab damals sogar Überlegungen, ihren Oberbefehlshaber George Washington zum König zu machen. Er selbst hat das allerdings sehr rasch und entschieden abgelehnt. Er wurde Präsident, angesichts der schwierigen Umstände der jungen Republik dann auch noch ein zweites Mal. Eine dritte Kandidatur lehnte er ab – das wurde zum Maßstab für die heutige Regel, dass ein US-Präsident höchstens zwei Perioden im Amt sein darf (mehr dazu auf S. 171 – *Der verschwundene Präsident*).

Die Beliebtheit Großbritanniens, seines Königs und alles Englischen war nach dem Unabhängigkeitskrieg natürlich niedrig. Die vor allem in deutschsprachigen Ländern weitverbreitete

Legende, dass man damals erwogen habe, Deutsch als Amtssprache der USA einzuführen, ist jedoch genau das: eine Legende. Vom Englischen als Umgangssprache – es gibt in den USA keine offizielle bundesweite Amtssprache – wollte man nie abgehen. Es gab einzelne Staaten wie Pennsylvania, in denen es sehr viele deutschsprachige Einwanderer gab, rund ein Drittel der Bevölkerung. Dort gab es 1795 tatsächlich eine Abstimmung, ob man die beschlossenen Gesetze nicht auch ins Deutsche übersetzen sollte, damit die neuen Einwanderer sie besser verstehen. Das wurde aber mit 42 zu 41 Stimmen abgelehnt, also mit exakt einer Stimme Überhang. Diese entscheidende Stimme kam vom deutschstämmigen Sprecher des US-Repräsentantenhauses, Frederick Muhlenberg. Er fand, je schneller die Deutschen Amerikaner würden, desto besser sei es für sie.

USA 3 – Der verschwundene Präsident

In den USA nimmt man Zahlen und Statistiken sehr ernst. Kein Sport ohne genaue Statistik, Trefferquoten werden auf Tausendstel berechnet. Und auch in der Politik unterliegt man dem Zauber der Zahl. So weiß zum Beispiel jedes Kind, dass Joe Biden der 46. US-Präsident seit Gründung der Vereinigten Staaten ist. Allerdings haben – inklusive ihm – nur 45 Menschen dieses Amt ausgeübt, alles Männer übrigens. Dass Biden dennoch als 46. Präsident gezählt wird, liegt an Grover Cleveland. Er war ein US-Politiker des späten 19. Jahrhunderts, und er wird gleich doppelt gezählt. Er wurde 1885 als 22. Präsident angelobt, verlor dann aber vier Jahre später die nächste Wahl. 1893 kam er zurück und wurde nunmehr als 24. Präsident gezählt.

Seit 1951 darf man übrigens nur noch zweimal Präsident werden. Es gab eine Verfassungsänderung, nachdem Franklin Delano Roosevelt, der legendäre US-Präsident des Zweiten Weltkriegs und Schöpfer des Sozialprogramms New Deal, davor sogar viermal hintereinander gewählt worden war. Das wollte man für alle Zukunft verhindern, um nie zu viel Macht in einer Hand zu haben. FDR, wie er genannt wurde, war mehr als 12 Jahre im Amt, bis zu seinem Tod kurz nach der vierten Wahl. Er war damit der mit Abstand am längsten amtierende US-Präsident.

Am kürzesten regierte William Henry Harrison, der neunte Präsident. Er bestand bei seiner Inauguration im winterlich kalten Washington darauf, keinen Mantel anzuziehen, um nicht verweichlicht zu wirken. Er sprach trotzdem mehr als zwei Stunden. Die Folge war eine Lungenentzündung – einen Monat später, im April 1841, war Harrison tot. Ihm folgte sein Vizepräsident nach, John Tyler – er war der erste US-Präsident, der nicht durch eine Wahl, sondern durch einen Todesfall ins Weiße Haus gelangte. Und bei ihm fiel eher die familiäre Langlebigkeit auf: Tyler wurde im März 1790 geboren, mit 63 bekam er noch einen Sohn namens Lyon. Lyon Tyler wiederum wurde ebenfalls sehr spät Vater, 1928 kam sein Sohn Harrison Ruffin Tyler zur Welt, da war Lyon schon 74. Und Harrison Ruffin Tyler lebt heute noch, mit weit über 90 als ältester Enkel eines US-Präsidenten. Die Familiengeschichte von William Henry Harrison, dem Präsidenten ohne Mantel, ging ebenfalls weiter: Sein Enkel Benjamin Harrison wurde 23. US-Präsident – also jener zwischen den beiden Präsidentschaften des bereits erwähnten Grover Cleveland.

Das Präsidentenamt war in den USA stets auch Spielfeld politischer Dynastien. John Adams war zweiter Präsident der USA nach George Washington. Sein Sohn John Quincy Adams war der sechste Präsident. Die beiden Roosevelts, Teddy und FDR, die wichtigsten US-Politiker des frühen 20. Jahrhunderts, waren Cousins. Jahrzehnte später hießen die Präsidenten dann Bush: George H. W. Bush und sein Sohn George W. Bush. Daneben gab es auch die Dynastien der Kennedys oder der Clintons. Eine Gegenreaktion auf dieses Gefühl von „Alle sind miteinander verbandelt" war sicher ein Grund für den Erfolg von Donald Trump: Die Rolle, die er im Wahlkampf einnahm, war die des Außenseiters. Und obwohl er ein reicher Erbe und High-Society-Löwe ist, war seine Botschaft: „Ich komme nicht aus dem Establishment, ich bin wie ihr." Er positionierte sich jenseits der Grenzen der etablierten Politik, und schließlich jenseits der Grenzen des Rechtsstaates. Wenn man es freundlich formulieren will: Trump war anders, ein Grenzgänger, und sicher der ungewöhnlichste Präsident der Vereinigten Staaten von Amerika. Und dabei gab es schon einiges an Ungewöhnlichem und Außergewöhnlichem im US-amerikanischen Präsidentenamt: Von Benjamin Harrison, Präsident Nummer 23, hieß es, er habe sein ganzes Leben lang keinen Lichtschalter angegriffen, aus Angst, an einem Stromschlag zu sterben. Dabei war Präsident der USA ohnehin immer schon ein gefährlicher Job. Vier wurden während ihrer Amtszeit erschossen, der erste war Abraham Lincoln, der letzte John F. Kennedy. Und zwei wurden angeschossen: Ronald Reagan, der 40. Präsident, vom geistig verwirrten Attentäter John Hinckley Jr. Und Teddy Roosevelt wurde sogar zweimal durch ein Pistolenattentat verwundet. Beim zweiten Mal während einer Wahlkampfrede, die er dann – trotz Kugel in der Brust – noch zu Ende hielt. Roosevelts spezielles Talent war also Durchhaltevermögen. James Garfield, der 20. Präsident, hatte ein ganz anderes: Von ihm hieß es, er könne mit beiden Händen gleichzeitig schreiben – und zwar mit einer Hand in Latein und mit der anderen in Griechisch.

RESÜMEE

2024 steht wieder eine Wahl zum Präsidenten der Vereinigten Staaten von Amerika an. Und es könnte sein, dass dann wieder Donald Trump als Präsidentschaftskandidat der Republikaner antritt. Es könnte sogar sein, dass er wieder gewinnt. Trotz allem, was man mittlerweile über Trumps Politik und seine Präsidentschaft weiß, trotz aller Vorwürfe rund um den Sturm aufs Kapitol am 6. Jänner 2021. Trotz des Wissens, dass man hier nur knapp an einem von Trump zumindest gebilligten Putsch vorbeigeschrammt ist.

Wie es 2024 im Ukrainekonflikt steht, ist noch völlig ungewiss. Gewiss ist aber, dass zumindest in den ersten Monaten dieses Krieges in Russland keine nennenswerte Gegnerschaft zu Putins Vorgehen aufgekommen ist. In einer Immer-noch-Großmacht am Rande Europas herrschen bisher Kriegsbegeisterung und Hurra-Patriotismus.

Das Coronavirus wird in den nächsten Jahren ebenfalls nicht verschwinden, das kann man heute schon sagen. Vielleicht werden weitere Mutationen noch ansteckender und noch weniger lebensbedrohend sein, aber weder Impfungen noch Zero-Covid-Politiken werden das Virus zum Verschwinden bringen. Corona wird bleiben, wie die Grippe geblieben ist, oder der Schnupfen.

Und all diese Bedrohungen werden in einer Welt bestehen bleiben, die sich scheinbar unaufhaltsam aufheizt, in der jeder Sommer neue Hitzerekorde bringt, Dürren und Waldbrände. Und fast jeder Winter Stürme und Rekordniederschläge.

Das Leben wird unkomfortabler. Und die technischen Möglichkeiten, es dem Einzelnen dennoch wieder angenehmer zu machen, halten nicht Schritt mit der Geschwindigkeit der Veränderungen. Die Klimaanlagen, die den Klimawandel in Schach halten sollen, sind noch nicht erfunden. Und sie würden jenen Strom brauchen, der wegen Krieg und Gaskrise nicht mehr erzeugt werden kann, oder zumindest nicht mehr zu leistbaren Preisen. Die Gesellschaften werden in den nächsten Jahren ärmer werden, nicht wohlhabender, das sagen alle Prognosen.

Dieses immer unkomfortablere Leben, diese neuen Herausforderungen, die uns alle treffen, werden die Sehnsucht nach vermeintlich einfachen Lösungen immer größer werden lassen. Das Phänomen des „Trumpismus", des chauvinistischen Populismus, wird in vielen Ländern auftauchen, vielleicht auch bei uns in Österreich.

Ein Rezept gegen all diese Krisen muss erst noch gefunden werden. Aber ein möglichst breites Wissen um Fakten und Zusammenhänge kann ein Teil davon sein.

DANK

Der Dank für dieses Buch gilt dem Team von „Studio 2" auf ORF2, das mich immer wieder mit neuen Fragen konfrontiert, dem Ueberreuter Verlag und meiner engagierten Lektorin Caroline Metzger mit ihrer Liebe zur Genauigkeit, die aus all den Antworten ein Buch geformt haben – und meiner Familie, die meine Freude an der Recherche und Lust an der Erklärung auch im privaten Leben so tapfer erträgt. Ich bin meiner Frau Lou, meinen Kindern Emma und Georg, Lisa und Julia zutiefst dankbar für diese wunderbare Mischung aus Interesse und Geduld!